Le Jeu de l'amour et du hasard

Marivaux

© 2025, Marivaux (domaine public)
Édition : BoD · Books on Demand, 31 avenue Saint-Rémy, 57600 Forbach, bod@bod.fr
Impression : Libri Plureos GmbH, Friedensallee 273, 22763 Hamburg (Allemagne)
ISBN : 978-2-3224-7899-6
Dépôt légal : Avril 2025

LE JEU DE L'AMOUR ET DU HASARD

COMÉDIE EN TROIS ACTES

Représentée pour la première fois par les comédiens italiens, le 23 janvier 1730.

PERSONNAGES

MONSIEUR ORGON, vieux gentilhomme.
MARIO, fils de M. Orgon.
SILVIA, sa fille.
DORANTE, amant de Silvia.
LISETTE, femme de chambre de Silvia.
ARLEQUIN, valet de Dorante[1].
Un laquais.

La scène est à Paris, dans la maison de M. Orgon.

ACTE PREMIER

Scène première

SILVIA, LISETTE

Silvia.

Mais, encore une fois, de quoi vous mêlez-vous ? Pourquoi répondre de mes sentiments ?

Lisette.

C'est que j'ai cru que, dans cette occasion-ci, vos sentiments ressembleraient à ceux de tout le monde. Monsieur votre père me demande si vous êtes bien aise qu'il vous marie, si vous en avez quelque joie : moi, je lui réponds que oui ; cela va tout de suite ; et il n'y a peut-être que vous de fille au monde, pour qui ce *oui*-là ne soit pas vrai ; le *non* n'est pas naturel.

Silvia.

Le *non* n'est pas naturel ! quelle sotte naïveté ! Le mariage aurait donc de grands charmes pour vous ?

Lisette.

Eh bien, c'est encore *oui*, par exemple.

Silvia.

Taisez-vous ; allez répondre vos impertinences ailleurs, et sachez que ce n'est pas à vous à juger de mon cœur par le vôtre.

Lisette.

Mon cœur est fait comme celui de tout le monde. De quoi le vôtre s'avise-t-il de n'être fait comme celui de personne ?

Silvia.

Je vous dis que, si elle osait, elle m'appellerait une originale.

Lisette.

Si j'étais votre égale, nous verrions.

Silvia.

Vous travaillez à me fâcher, Lisette.

Lisette.

Ce n'est pas mon dessein. Mais dans le fond, voyons, quel mal ai-je fait de dire à monsieur Orgon que vous étiez bien aise d'être mariée ?

Silvia.

Premièrement, c'est que tu n'as pas dit vrai ; je ne m'ennuie pas d'être fille.

Lisette.

Cela est encore tout neuf.

Silvia.

C'est qu'il n'est pas nécessaire que mon père croie me faire tant de plaisir en me mariant, parce que cela le fait agir avec une confiance qui ne servira peut-être de rien.

Lisette.

Quoi ! vous n'épouserez pas celui qu'il vous destine ?

Silvia.

Que sais-je ? peut-être ne me conviendra-t-il point, et cela m'inquiète.

Lisette.

On dit que votre futur est un des plus honnêtes hommes du monde ; qu'il est bien fait, aimable, de bonne mine ; qu'on ne peut pas avoir plus d'esprit, qu'on ne saurait être d'un meilleur caractère ; que voulez-vous de plus ? Peut-on se figurer de mariage plus doux, d'union plus délicieuse ?

Silvia.

Délicieuse ! que tu es folle avec tes expressions !

Lisette.

Ma foi, madame, c'est qu'il est heureux qu'un amant de cette espèce-là veuille se marier dans les formes ; il n'y a presque point de fille, s'il lui faisait la cour, qui ne fût en danger de l'épouser sans cérémonie. Aimable, bien fait, voilà de quoi vivre pour l'amour ; sociable et spirituel, voilà pour l'entretien de la société. Pardi ! tout en sera bon, dans cet homme-là ; l'utile et l'agréable, tout s'y trouve.

Silvia.

Oui dans le portrait que tu en fais, et on dit qu'il y ressemble, mais c'est un *on dit*, et je pourrais bien n'être pas de ce sentiment-là, moi. Il est bel homme, dit-on, et c'est presque tant pis.

Lisette.

Tant pis ! tant pis ! mais voilà une pensée bien hétéroclite !

Silvia.

C'est une pensée de très bon sens. Volontiers un bel homme est fat ; je l'ai remarqué.

Lisette.

Oh ! il a tort d'être fat ; mais il a raison d'être beau.

Silvia.

On ajoute qu'il est bien fait ; passe !

Lisette.

Oui-da ; cela est pardonnable.

Silvia.

De beauté et de bonne mine je l'en dispense ; ce sont là des agréments superflus.

Lisette.

Vertuchoux ! si je me marie jamais, ce superflu-là sera mon nécessaire.

Silvia.

Tu ne sais ce que tu dis. Dans le mariage, on a plus souvent affaire à l'homme raisonnable qu'à l'aimable homme ; en un mot, je ne lui demande qu'un bon caractère, et cela est plus difficile à trouver qu'on ne pense. On loue beaucoup le sien ; mais qui est-ce qui a vécu avec lui ? Les hommes ne se contrefont-ils pas, surtout quand ils ont de l'esprit ? N'en ai-je pas vu moi, qui paraissaient avec leurs amis les meilleures gens du monde ? C'est la douceur, la raison, l'enjouement même, il n'y a pas jusqu'à leur physionomie qui ne soit garante de toutes les bonnes qualités qu'on leur trouve. « Monsieur un tel a l'air d'un galant homme, d'un homme bien raisonnable, disait-on tous les jours d'Ergaste. — Aussi l'est-il, répondait-on ; je l'ai répondu moi-même ; sa physionomie ne vous ment pas d'un mot. » Oui, fiez-vous-y à cette physionomie si douce, si prévenante, qui disparaît un quart d'heure après pour faire place à un visage sombre, brutal, farouche qui devient l'effroi de toute une maison ! Ergaste s'est marié ; sa femme, ses enfants, son domestique ne lui connaissent encore que ce visage-là, pendant qu'il promène partout ailleurs cette physionomie si aimable que nous lui voyons, et qui n'est qu'un masque qu'il prend au sortir de chez lui.

Lisette.

Quel fantasque avec ces deux visages !

Silvia.

N'est-on pas content de Léandre quand on le voit ? Eh bien, chez lui, c'est un homme qui ne dit mot, qui ne rit ni qui ne gronde ; c'est une âme glacée, solitaire, inaccessible. Sa femme ne la connaît point, n'a point de commerce avec elle ; elle n'est mariée qu'avec une figure qui sort d'un cabinet, qui vient à table et qui fait expirer de langueur, de froid et d'ennui tout ce qui l'environne. N'est-ce pas là un mari bien amusant ?

Lisette.

Je gèle au récit que vous m'en faites ; mais Tersandre, par exemple ?

Silvia.

Oui, Tersandre ! Il venait l'autre jour de s'emporter contre sa femme ; j'arrive, on m'annonce, je vois un homme qui vient à moi les bras ouverts, d'un air serein, dégagé ; vous auriez dit qu'il sortait de la conversation la plus badine ; sa bouche et ses yeux riaient encore. Le fourbe ! Voilà ce que c'est que les hommes. Qui est-ce qui croit que sa femme est à plaindre avec lui ? Je la trouvai tout abattue, le teint plombé, avec des yeux qui venaient de pleurer ; je la trouvai comme je serai peut-être ; voilà mon portrait à venir ; je vais du moins risquer d'en être une copie. Elle me fit pitié, Lisette ; si j'allais te faire pitié aussi ! Cela est terrible ! qu'en dis-tu ? Songe à ce que c'est qu'un mari.

Lisette.

Un mari, c'est un mari ; vous ne deviez pas finir par ce mot-là ; il me raccommode avec tout le reste.

Scène II

MONSIEUR ORGON, SILVIA, LISETTE.

Monsieur Orgon.

Eh ! bonjour, ma fille ; la nouvelle que je viens d'annoncer te fera-t-elle plaisir ? Ton prétendu est arrivé aujourd'hui ; son père me l'apprend par cette lettre-ci. Tu ne me réponds rien ; tu me parais triste. Lisette de son côté baisse les yeux ; qu'est-ce que cela signifie ? Parle donc toi ; de quoi s'agit-il ?

Lisette.

Monsieur, un visage qui fait trembler, un autre qui fait mourir de froid, une âme gelée qui se tient à l'écart, et puis le portrait d'une femme qui a le visage abattu, un teint plombé, des yeux bouffis, et qui viennent de pleurer ; voilà, monsieur, tout ce que nous considérons avec tant de recueillement.

Monsieur Orgon.

Que veut dire ce galimatias ? Une âme ! un portrait ! Explique-toi donc ; Je n'y entends rien.

Silvia.

C'est que j'entretenais Lisette du malheur d'une femme maltraitée par son mari ; je lui citais celle de Tersandre, que je trouvai l'autre jour fort abattue, parce que son mari venait de la quereller, et je faisais là-dessus mes réflexions.

Lisette.

Oui, nous parlions d'une physionomie qui va et qui vient ; nous disions qu'un mari porte un masque avec le monde, et une grimace avec sa femme.

Monsieur Orgon.

De tout cela, ma fille, je comprends que le mariage t'alarme, d'autant plus que tu ne connais point Dorante.

Lisette.

Premièrement, il est beau ; et c'est presque tant pis.

Monsieur Orgon.

Tant pis ! rêves-tu avec ton tant pis ?

Lisette.

Moi, je dis ce qu'on m'apprend ; c'est la doctrine de madame ; j'étudie sous elle.

Monsieur Orgon.

Allons, allons, il n'est pas question de tout cela. Tiens, ma chère enfant, tu sais combien je t'aime. Dorante vient pour t'épouser. Dans le dernier voyage que je fis en province, j'arrêtai ce mariage-là avec son père, qui est mon intime et mon ancien ami ; mais ce fut à condition que vous vous plairiez à tous deux, et que vous auriez entière liberté de vous expliquer là-dessus ; je te défends toute complaisance à mon égard. Si Dorante ne te convient point, tu n'as qu'à le dire, il repart ; si tu ne lui convenais pas, il repart de même.

Lisette.

Un *duo* de tendresse en décidera, comme à l'Opéra : Vous me voulez, je vous veux ; vite un notaire ! ou bien : M'aimez-vous ? non ; ni moi non plus ; vite à cheval !

Monsieur Orgon.

Pour moi, je n'ai jamais vu Dorante ; il était absent quand j'étais chez son père ; mais sur tout le bien qu'on m'en a dit, je ne saurais craindre que vous vous remerciiez ni l'un ni l'autre.

Silvia.

Je suis pénétrée de vos bontés, mon père. Vous me défendez toute complaisance, et je vous obéirai.

Monsieur Orgon.

Je te l'ordonne.

Silvia.

Mais si j'osais, je vous proposerais, sur une idée qui me vient, de m'accorder une grâce qui me tranquilliserait tout à fait.

Monsieur Orgon.

Parle ; si la chose est faisable, je te l'accorde.

Silvia.

Elle est très faisable ; mais je crains que ce ne soit abuser de vos bontés.

Monsieur Orgon.

Eh bien, abuse. Va, dans ce monde, il faut être un peu trop bon pour l'être assez.

Lisette.

Il n'y a que le meilleur de tous les hommes qui puisse dire cela.

Monsieur Orgon.

Explique-toi, ma fille.

Silvia.

Dorante arrive ici aujourd'hui ; si je pouvais le voir, l'examiner un peu sans qu'il me connût ! Lisette a de l'esprit, monsieur ; elle pourrait prendre ma place pour un peu de temps, et je prendrais la sienne.

Monsieur Orgon.

Son idée est plaisante. *(Haut.)* Laisse-moi rêver un peu à ce que tu me dis là. *(À part.)* Si je la laisse faire, il doit arriver quelque chose de bien singulier. Elle ne s'y attend pas elle-même… *(Haut.)* Soit, ma fille, je te permets le déguisement. Es-tu bien sûre de soutenir le tien, Lisette ?

Lisette.

Moi, monsieur, vous savez qui je suis ; essayez de m'en conter, et manquez de respect, si vous l'osez, à cette contenance-ci. Voilà un échantillon des bons airs avec lesquels je vous attends. Qu'en dites-vous ? hein ? retrouvez-vous Lisette ?

Monsieur Orgon.

Comment donc ! je m'y trompe actuellement moi-même ; mais il n'y a point de temps à perdre ; va t'ajuster suivant ton rôle. Dorante peut nous surprendre. Hâtez-vous, et qu'on donne le mot à toute la maison.

Silvia.

Il ne me faut presque qu'un tablier.

Lisette.

Et moi je vais à ma toilette ; venez m'y coiffer, Lisette, pour vous accoutumer à vos fonctions ; un peu d'attention à votre service, s'il vous plaît.

Silvia.

Vous serez contente, marquise ; marchons !

Scène III

MARIO, MONSIEUR ORGON, SILVIA.

Mario.

Ma sœur, je te félicite de la nouvelle que j'apprends ; nous allons voir ton amant, dit-on.

Silvia.

Oui, mon frère ; mais je n'ai pas le temps de m'arrêter, j'ai des affaires sérieuses, et mon père vous les dira ; je vous quitte.

Scène IV

MONSIEUR ORGON, MARIO.

Monsieur Orgon.

Ne l'amusez pas, Mario ; venez, vous saurez de quoi il s'agit.

Mario.

Qu'y a-t-il de nouveau, monsieur ?

Monsieur Orgon.

Je commence par vous recommander d'être discret sur ce que je vais vous dire, au moins.

Mario.

Je suivrai vos ordres.

Monsieur Orgon.

Nous verrons Dorante aujourd'hui ; mais nous ne le verrons que déguisé.

Mario.

Déguisé ! Viendra-t-il en partie de masque ? lui donnerez-vous le bal ?

Monsieur Orgon.

Écoutez l'article de la lettre du père. Hum… « Je ne sais au reste ce que vous penserez d'une imagination qui est venue à mon fils : elle est bizarre, il en convient lui-même ; mais le motif en est pardonnable et même délicat ; c'est qu'il m'a prié de lui permettre de n'arriver d'abord chez vous que sous la figure de son valet, qui, de son côté, fera le personnage de son maître. »

Mario.

Ah ! ah ! cela sera plaisant.

Monsieur Orgon.

Écoutez le reste... « Mon fils sait combien l'engagement qu'il va prendre est sérieux ; il espère, dit-il, sous ce déguisement de peu de durée, saisir quelques traits du caractère de notre future et la mieux connaître, pour se régler ensuite sur ce qu'il doit faire, suivant la liberté que nous sommes convenus de leur laisser. Pour moi, qui m'en fie bien à ce que vous m'avez dit de votre aimable fille, j'ai consenti à tout, en prenant la précaution de vous avertir, quoiqu'il m'ait demandé le secret de votre côté. Vous en userez là-dessus avec la future comme vous le jugerez à propos... » Voilà ce que le père m'écrit. Ce n'est pas le tout, voici ce qui arrive ; c'est que votre sœur, inquiète de son côté sur le chapitre de Dorante, dont elle ignore le secret, m'a demandé de jouer ici la même comédie, et cela précisément pour observer Dorante, comme Dorante veut l'observer. Qu'en dites-vous ? Savez-vous rien de plus particulier que cela ? Actuellement, la maîtresse et la suivante se travestissent. Que me conseillez-vous, Mario ? Avertirai-je votre sœur, ou non ?

Mario.

Ma foi, monsieur, puisque les choses prennent ce train-là, je ne voudrais pas les déranger, et je respecterais l'idée qui leur est venue à l'un et à l'autre ; il faudra bien qu'ils se parlent souvent tous deux sous ce déguisement. Voyons si leur cœur ne les avertirait pas de ce qu'ils valent. Peut-être que Dorante prendra du goût pour ma sœur, toute soubrette qu'elle sera, et cela serait charmant pour elle.

Monsieur Orgon.

Nous verrons un peu comment elle se tirera d'intrigue.

Mario.

C'est une aventure qui ne saurait manquer de nous divertir, je veux me trouver au début et les agacer tous deux.

Scène V

SILVIA, MONSIEUR ORGON, MARIO.

Silvia.

Me voilà, monsieur ; ai-je mauvaise grâce en femme de chambre ? Et vous, mon frère, vous savez de quoi il s'agit apparemment. Comment me trouvez-vous ?

Mario.

Ma foi, ma sœur, c'est autant de pris que le valet ; mais tu pourrais bien aussi escamoter Dorante à ta maîtresse.

SILVIA.

Franchement, je ne haïrais pas de lui plaire sous le personnage que je joue ; je ne serais pas fâchée de subjuguer sa raison, de l'étourdir un peu sur la distance qu'il y aura de lui à moi. Si mes charmes font ce coup-là, ils me feront plaisir : je les estimerai. D'ailleurs, cela m'aiderait à démêler Dorante. À l'égard de son valet, je ne crains pas ses soupirs ; ils n'oseront m'aborder ; il y aura quelque chose dans ma physionomie qui inspirera plus de respect que d'amour à ce faquin-là.

MARIO.

Allons doucement, ma sœur ; ce faquin-là sera votre égal.

MONSIEUR ORGON.

Et ne manquera pas de t'aimer.

SILVIA.

Eh bien, l'honneur de lui plaire ne me sera pas inutile ; les valets sont naturellement indiscrets ; l'amour est babillard, et j'en ferai l'historien de son maître.

UN VALET.

Monsieur, il vient d'arriver un domestique qui demande à vous parler ; il est suivi d'un crocheteur qui porte une valise.

Monsieur Orgon.

Qu'il entre : c'est sans doute le valet de Dorante, son maître peut être resté au bureau pour affaires. Où est Lisette ?

Silvia.

Lisette s'habille, et, dans son miroir, nous trouve très imprudents de lui livrer Dorante ; elle aura bientôt fait.

Monsieur Orgon.

Doucement ! on vient.

Scène VI

DORANTE, en valet, MONSIEUR ORGON, SILVIA, MARIO.

Dorante.

Je cherche monsieur Orgon ; n'est-ce pas à lui que j'ai l'honneur de faire la révérence ?

Monsieur Orgon.

Oui, mon ami, c'est à lui-même.

Dorante.

Monsieur, vous avez sans doute reçu de nos nouvelles ; j'appartiens à monsieur Dorante qui me suit, et qui m'envoie toujours devant, vous assurer de ses respects, en attendant qu'il vous en assure lui-même.

Monsieur Orgon.

Tu fais ta commission de fort bonne grâce. Lisette, que dis-tu de ce garçon-là ?

Silvia.

Moi, monsieur, je dis qu'il est le bienvenu, et qu'il promet.

Dorante.

Vous avez bien de la bonté ; je fais du mieux qu'il m'est possible.

Mario.

Il n'est pas mal tourné, au moins ; ton cœur n'a qu'à se bien tenir, Lisette.

Silvia.

Mon cœur ! c'est bien des affaires.

Dorante.

Ne vous fâchez pas, mademoiselle ; ce que dit monsieur ne m'en fait point accroire.

Silvia.

Cette modestie-là me plaît ; continuez de même.

Mario.

Fort bien ! Mais il me semble que ce nom de mademoiselle qu'il te donne est bien sérieux. Entre gens comme vous, le style des compliments ne doit pas être si grave ; vous seriez toujours sur le qui-vive ; allons traitez-vous plus commodément. Tu as nom Lisette ; et toi, mon garçon, comment t'appelles-tu ?

Dorante.

Bourguignon, monsieur, pour vous servir.

Silvia.

Eh bien, Bourguignon, soit !

Dorante.

Va donc pour Lisette ; je n'en serai pas moins votre serviteur.

Mario.

Votre serviteur ! ce n'est point encore là votre jargon ; c'est *ton serviteur* qu'il faut dire.

Monsieur Orgon.

Ah ! ah ! ah ! ah !

Silvia, *bas à Mario.*

Vous me jouez, mon frère.

Dorante.

À l'égard du tutoiement, j'attends les ordres de Lisette.

Silvia.

Voilà la glace rompue ! Fais comme tu voudras, Bourguignon, puisque cela divertit ces messieurs.

Dorante.

Je t'en remercie, Lisette, et je réponds sur-le-champ à l'honneur que tu me fais.

Monsieur Orgon.

Courage, mes enfants ; si vous commencez à vous aimer, vous voilà débarrassés des cérémonies.

Mario.

Oh ! doucement ; s'aimer, c'est une autre affaire ; vous ne savez peut-être pas que j'en veux au cœur de Lisette, moi qui vous parle. Il est vrai qu'il m'est cruel ; mais je ne veux pas que Bourguignon aille sur mes brisées.

Silvia.

Oui ! le prenez-vous sur ce ton-là ? Et moi, je veux que Bourguignon m'aime.

Dorante.

Tu te fais tort de dire *je veux*, belle Lisette ; tu n'as pas besoin d'ordonner pour être servie.

Mario.

Monsieur Bourguignon, vous avez pillé cette galanterie-là quelque part.

DORANTE.

Vous avez raison, monsieur ; c'est dans ses yeux que je l'ai prise.

MARIO.

Tais-toi, c'est encore pis ; je te défends d'avoir tant d'esprit.

SILVIA.

Il ne l'a pas à vos dépens ; et, s'il en trouve dans mes yeux, il n'a qu'à prendre.

MONSIEUR ORGON.

Mon fils, vous perdrez votre procès ; retirons-nous. Dorante va venir, allons le dire à ma fille ; et vous, Lisette, montrez à ce garçon l'appartement de son maître. Adieu, Bourguignon.

DORANTE.

Monsieur, vous me faites trop d'honneur.

Scène VII

SILVIA, DORANTE.

Silvia, *à part.*

Ils se donnent la comédie ; n'importe, mettons tout à profit, ce garçon-ci n'est pas sot, et je ne plains pas la soubrette qui l'aura. Il va m'en conter, laissons-le dire pourvu qu'il m'instruise.

Dorante, *à part.*

Cette fille m'étonne ! Il n'y a point de femme au monde à qui sa physionomie ne fît honneur : faisons connaissance avec elle... *(Haut.)* Puisque nous sommes dans le style amical et que nous avons abjuré les façons, dis-moi, Lisette, ta maîtresse te vaut-elle ? Elle est bien hardie d'oser avoir une femme de chambre comme toi !

Silvia.

Bourguignon, cette question-là m'annonce que, suivant la coutume, tu arrives avec l'intention de me dire des douceurs : n'est-il pas vrai ?

Dorante.

Ma foi, je n'étais pas venu dans ce dessein-là, je te l'avoue. Tout valet que je suis, je n'ai jamais eu de grande liaison avec les soubrettes ; je n'aime pas l'esprit domestique ; mais, à ton égard, c'est une autre affaire. Comment donc ! tu me soumets ; je suis presque timide ; ma familiarité n'oserait s'apprivoiser avec toi ; j'ai toujours envie d'ôter mon chapeau de dessus ma tête, et quand je te tutoie, il me semble que je jure ; enfin j'ai un penchant à te traiter avec des respects qui te feraient rire. Quelle espèce de suivante es-tu donc, avec ton air de princesse ?

Silvia.

Tiens, tout ce que tu dis avoir senti en me voyant, est précisément l'histoire de tous les valets qui m'ont vue.

Dorante.

Ma foi, je ne serais pas surpris quand ce serait aussi l'histoire de tous les maîtres.

Silvia.

Le trait est joli assurément ; mais je te le répète encore, je ne suis pas faite aux cajoleries de ceux dont la garde-robe ressemble à la tienne.

Dorante.

C'est-à-dire que ma parure ne te plaît pas ?

Silvia.

Non, Bourguignon ; laissons là l'amour, et soyons bons amis.

Dorante.

Rien que cela ? Ton petit traité n'est composé que de deux clauses impossibles.

Silvia, *à part.*

Quel homme pour un valet ! *(Haut.)* Il faut pourtant qu'il s'exécute ; on m'a prédit que je n'épouserais jamais qu'un homme de condition, et j'ai juré depuis de n'en écouter jamais d'autres.

Dorante.

Parbleu, cela est plaisant ; ce que tu as juré pour homme, je l'ai juré pour femme, moi ; j'ai fait serment de n'aimer sérieusement qu'une fille de condition.

Silvia.

Ne t'écarte donc pas de ton projet.

Dorante.

Je ne m'en écarte peut-être pas tant que nous le croyons ; tu as l'air bien distingué, et l'on est quelquefois fille de condition sans le savoir.

Silvia.

Ah ! ah ! ah ! je te remercierais de ton éloge, si ma mère n'en faisait pas les frais.

Dorante.

Eh bien venge-t'en sur la mienne, si tu me trouves assez bonne mine pour cela.

Silvia, *à part.*

Il le mériterait. *(Haut.)* Mais ce n'est pas là de quoi il est question ; trêve de badinage ; c'est un homme de condition qui m'est prédit pour époux, et je n'en rabattrai rien.

Dorante.

Parbleu ! si j'étais tel, la prédiction me menacerait ; j'aurais peur de la vérifier. Je n'ai point de foi à l'astrologie, mais j'en ai beaucoup à ton visage.

Silvia, *à part.*

Il ne tarit point… *(Haut.)* Finiras-tu ? que t'importe la prédiction, puisqu'elle t'exclut ?

Dorante.

Elle n'a pas prédit que je ne t'aimerais point.

Silvia.

Non, mais elle a dit que tu n'y gagnerais rien, et moi, je te le confirme.

Dorante.

Tu fais fort bien, Lisette, cette fierté-là te va à merveille, et quoiqu'elle me fasse mon procès, je suis pourtant bien aise de te la voir ; je te l'ai souhaitée d'abord que je t'ai vue ; il te fallait encore cette grâce-là, et je me console d'y perdre, parce que tu y gagnes.

Silvia, *à part.*

Mais, en vérité, voilà un garçon qui me surprend, malgré que j'en aie… *(Haut.)* Dis-moi, qui es-tu, toi qui me parles ainsi ?

Dorante.

Le fils d'honnêtes gens qui n'étaient pas riches.

Silvia.

Va, je te souhaite de bon cœur une meilleure situation que la tienne, et je voudrais contribuer ; la fortune a tort avec toi.

Dorante.

Ma foi, l'amour a plus de tort qu'elle ; j'aimerais mieux qu'il me fût permis de te demander ton cœur, que d'avoir tous les biens du monde.

Silvia, *à part.*

Nous voilà, grâce au ciel, en conversation réglée. *(Haut.)* Bourguignon, je ne saurais me fâcher des discours que tu me tiens ; mais, je t'en prie, changeons d'entretien. Venons à ton maître. Tu peux te passer de me parler d'amour, je pense ?

Dorante.

Tu pourrais bien te passer de m'en faire sentir, toi.

Silvia.

Ah ! je me fâcherai ; tu m'impatientes. Encore une fois, laisse là ton amour.

Dorante.

Quitte donc ta figure.

Silvia, *à part.*

À la fin, je crois qu'il m'amuse... *(Haut.)* Eh bien, Bourguignon, tu ne veux donc pas finir ? Faudra-t-il que je te quitte ? *(À part.)* Je devrais déjà l'avoir fait.

DORANTE.

Attends, Lisette, je voulais moi-même te parler d'autre chose ; mais je ne sais plus ce que c'est.

SILVIA.

J'avais de mon côté quelque chose à te dire ; mais tu m'as fait perdre mes idées aussi, à moi.

DORANTE.

Je me rappelle de t'avoir demandé si ta maîtresse te valait.

SILVIA.

Tu reviens à ton chemin par un détour ; adieu.

DORANTE.

Eh ! non, te dis-je, Lisette ; il ne s'agit ici que de mon maître.

SILVIA.

Eh bien, soit ! je voulais te parler de lui aussi, et j'espère que tu voudras bien me dire confidemment ce qu'il est. Ton attachement pour lui m'en donne bonne opinion ; il faut qu'il ait du mérite, puisque tu le sers.

DORANTE.

Tu me permettras peut-être bien de te remercier de ce que tu me dis là, par exemple ?

SILVIA.

Veux-tu bien ne prendre pas garde à l'imprudence que j'ai eue de le dire ?

DORANTE.

Voilà encore de ces réponses qui m'emportent. Fais comme tu voudras, je n'y résiste point ; et je suis bien malheureux de me trouver arrêté par tout ce qu'il y a de plus aimable au monde.

SILVIA.

Et moi, je voudrais bien savoir comment il se fait que j'ai la bonté de t'écouter ; car, assurément, cela est singulier.

DORANTE.

Tu as raison, notre aventure est unique.

SILVIA, *à part.*

Malgré tout ce qu'il m'a dit, je ne suis point partie, je ne pars point, me voilà encore, et je réponds ! En vérité, cela passe la raillerie. *(Haut.)* Adieu.

DORANTE.

Achevons donc ce que nous voulions dire.

SILVIA.

Adieu, te dis-je ; plus de quartiers. Quand ton maître sera venu, je tâcherai, en faveur de ma maîtresse, de le connaître par moi-même, s'il en vaut la peine. En attendant, tu vois cet appartement ; c'est le vôtre.

DORANTE.

Tiens, voici mon maître.

Scène VIII

DORANTE, SILVIA, ARLEQUIN.

ARLEQUIN.

Ah, te voilà, Bourguignon ! Mon porte-manteau et toi, avez-vous été bien reçus ?

DORANTE.

Il n'était pas possible qu'on nous reçût mal, monsieur.

Arlequin.

Un domestique là-bas m'a dit d'entrer ici, et qu'on allait avertir mon beau-père qui était avec ma femme.

Silvia.

Vous voulez dire monsieur Orgon et sa fille, sans doute, monsieur !

Arlequin.

Eh ! oui, mon beau-père et ma femme, autant vaut. Je viens pour épouser, et ils m'attendent pour être mariés ; cela est convenu ; il ne manque plus que la cérémonie, qui est une bagatelle.

Silvia.

C'est une bagatelle qui vaut bien la peine qu'on y pense.

Arlequin.

Oui ; mais quand on y a pensé, on n'y pense plus.

Silvia, *bas à Dorante.*

Bourguignon, on est homme de mérite à bon marché chez vous, ce me semble.

Arlequin.

Que dites-vous là à mon valet, la belle ?

Silvia.

Rien ; je lui dis seulement que je vais faire descendre monsieur Orgon.

Arlequin.

Et pourquoi ne pas dire mon beau-père, comme moi ?

Silvia.

C'est qu'il ne l'est pas encore.

Dorante.

Elle a raison, monsieur ; le mariage n'est pas fait.

Arlequin.

Eh bien, me voilà pour le faire.

Dorante.

Attendez donc qu'il soit fait.

Arlequin.

Pardi ! voilà bien des façons pour un beau-père de la veille ou du lendemain.

Silvia.

En effet, quelle si grande différence y a-t-il entre être mariée ou ne l'être pas ? Oui, monsieur, nous avons tort, et je cours informer votre beau-père de votre arrivée.

Arlequin.

Et ma femme aussi, je vous prie. Mais avant que de partir, dites-moi une chose ; vous qui êtes si jolie, n'êtes-vous pas la soubrette de l'hôtel ?

Silvia.

Vous l'avez dit.

Arlequin.

C'est fort bien fait ; je m'en réjouis. Croyez-vous que je plaise ici ? Comment me trouvez-vous ?

Silvia.

Je vous trouve… plaisant.

Arlequin.

Bon, tant mieux ! entretenez-vous dans ce sentiment-là ; il pourra trouver sa place.

Silvia.

Vous êtes bien modeste de vous en contenter. Mais je vous quitte ; il faut qu'on ait oublié d'avertir votre beau-père, car assurément il serait venu, et je vais le chercher.

ARLEQUIN.

Dites-lui que je l'attends avec affection.

SILVIA, *à part.*

Que le sort est bizarre ! aucun de ces deux hommes n'est à sa place.

Scène IX

DORANTE, ARLEQUIN.

ARLEQUIN.

Eh bien, monsieur, mon commencement va bien ; je plais déjà à la soubrette.

DORANTE.

Butor que tu es !

ARLEQUIN.

Pourquoi donc ? mon entrée a été si gentille !

Dorante.

Tu m'avais tant promis de laisser là tes façons de parler sottes et triviales ! je t'avais donné de si bonnes instructions ! Je ne t'avais recommandé que d'être sérieux. Va, je vois bien que je suis un étourdi de m'en être fié à toi.

Arlequin.

Je ferai encore mieux dans la suite ; et, puisque le sérieux n'est pas suffisant, je donnerai du mélancolique ; je pleurerai, s'il le faut.

Dorante.

Je ne sais plus où j'en suis ; cette aventure-ci m'étourdit. Que faut-il que je fasse ?

Arlequin.

Est-ce que la fille n'est pas plaisante ?

Dorante.

Tais-toi ; voici monsieur Orgon qui vient.

Scène X

MONSIEUR ORGON, DORANTE, ARLEQUIN.

Monsieur Orgon.

Mon cher monsieur, je vous demande mille pardons de vous avoir fait attendre ; mais ce n'est que de cet instant que j'apprends que vous êtes ici.

Arlequin.

Monsieur, mille pardons ! c'est beaucoup trop ; il n'en faut qu'un, quand on n'a fait qu'une faute. Au surplus tous mes pardons sont à votre service.

Monsieur Orgon.

Je tâcherai de n'en avoir pas besoin.

Arlequin.

Vous êtes le maître, et moi votre serviteur.

Monsieur Orgon.

Je suis, je vous assure, charmé de vous voir, et je vous attendais avec impatience.

Arlequin.

Je serais d'abord venu ici avec Bourguignon ; mais quand on arrive de voyage, vous savez qu'on est si mal bâti ! et j'étais bien aise de me présenter dans un état plus ragoûtant.

Monsieur Orgon.

Vous y avez fort bien réussi. Ma fille s'habille ; elle a été un peu indisposée ; en attendant qu'elle descende, voulez-vous vous rafraîchir ?

Arlequin.

Oh ! je n'ai jamais refusé de trinquer avec personne.

Monsieur Orgon.

Bourguignon, ayez soin de vous, mon garçon.

Arlequin.

Le gaillard est gourmet ; il boira du meilleur.

Monsieur Orgon.

Qu'il ne l'épargne pas.

ACTE II

Scène première

LISETTE, MONSIEUR ORGON.

Monsieur Orgon.

Eh bien, que me veux-tu Lisette ?

Lisette.

J'ai à vous entretenir un moment.

Monsieur Orgon.

De quoi s'agit-il ?

Lisette.

De vous dire l'état où sont les choses, parce qu'il est important que vous en soyez éclairci, afin que vous n'ayez point à vous plaindre de moi.

Monsieur Orgon.

Ceci est donc bien sérieux ?

Lisette.

Oui, très sérieux. Vous avez consenti au déguisement de Mlle Silvia ; moi-même je l'ai trouvé d'abord sans conséquence ; mais je me suis trompée.

Monsieur Orgon.

Et de quelle conséquence est-il donc ?

Lisette.

Monsieur, on a de la peine à se louer soi-même ; mais malgré toutes les règles de la modestie, il faut pourtant que je vous dise que, si vous ne mettez ordre à ce qui arrive, votre prétendu n'aura plus de cœur à donner à mademoiselle votre fille. Il est temps qu'elle se déclare, cela presse ; car, un jour plus tard, je n'en réponds plus.

Monsieur Orgon.

Eh ! d'où vient qu'il ne voudrait plus de ma fille, quand il la connaîtra, te défies-tu de ses charmes ?

Lisette.

Non ; mais vous ne vous méfiez pas assez des miens. Je vous avertis qu'ils vont leur train, et je ne vous conseille pas de les laisser faire.

Monsieur Orgon.

Je vous en fais mes compliments, Lisette. *(Il rit.)* Ah ! ah ! ah !

Lisette.

Nous y voilà ; vous plaisantez, monsieur ; vous vous moquez de moi ; j'en suis fâchée, car vous y serez pris.

Monsieur Orgon.

Ne t'en embarrasse pas, Lisette ; va ton chemin.

Lisette.

Je vous le répète encore, le cœur de Dorante va bien vite. Tenez, actuellement, je lui plais beaucoup ; ce soir, il m'aimera ; il m'adorera demain. Je ne le mérite pas, il est de mauvais goût, vous en direz ce qu'il vous plaira, mais cela ne laissera pas que d'être. Voyez-vous ? demain, je me garantis adorée.

Monsieur Orgon.

Eh bien, que vous importe ? S'il vous aime tant, qu'il vous épouse.

Lisette.

Quoi ! vous ne l'en empêcheriez pas ?

Monsieur Orgon.

Non, foi d'homme d'honneur, si tu le mènes jusque-là.

Lisette.

Monsieur, prenez-y garde. Jusqu'ici je n'ai pas aidé à mes appas, je les ai laissé faire tout seuls, j'ai ménagé sa tête : si je m'en mêle, je la renverse ; il n'y aura plus de remède.

Monsieur Orgon.

Renverse, ravage, brûle, enfin épouse ; je te le permets, si tu le peux.

Lisette.

Sur ce pied-là, je compte ma fortune faite.

Monsieur Orgon.

Mais dis-moi : ma fille t'a-t-elle parlé ? Que pense-t-elle de son prétendu ?

Lisette.

Nous n'avons encore guère trouvé le moment de nous parler, car ce prétendu m'obsède ; mais, à vue de pays, je ne la crois pas contente ; je la trouve triste, rêveuse, et je m'attends bien qu'elle me priera de le rebuter.

Monsieur Orgon.

Et moi, je te le défends. J'évite de m'expliquer avec elle : j'ai mes raisons pour faire durer ce déguisement ; je veux qu'elle examine son futur plus à loisir. Mais le valet, comment se gouverne-t-il ? ne se mêle-t-il pas d'aimer ma fille ?

Lisette.

C'est un original ; j'ai remarqué qu'il fait l'homme de conséquence avec elle, parce qu'il est bien tourné ; il la regarde et soupire.

Monsieur Orgon.

Et cela la fâche ?

Lisette.

Mais… elle rougit.

Monsieur Orgon.

Bon ! tu te trompes ; les regards d'un valet ne l'embarrassent pas jusque-là.

Lisette.

Monsieur, elle rougit.

Monsieur Orgon.

C'est donc d'indignation.

Lisette.

À la bonne heure !

Monsieur Orgon.

Eh bien, quand tu lui parleras, dis-lui que tu soupçonnes ce valet de la prévenir contre son maître, et si elle se fâche, ne t'en inquiète point : ce sont mes affaires. Mais voici Dorante, qui te cherche apparemment.

Scène II

LISETTE, ARLEQUIN, MONSIEUR ORGON.

Arlequin.

Ah, je vous trouve, merveilleuse dame ; je vous demandais à tout le monde. Serviteur, cher beau-père, ou peu s'en faut.

Monsieur Orgon.

Serviteur. Adieu, mes enfants ; je vous laisse ensemble ; il est bon que vous vous aimiez un peu avant de vous marier.

Arlequin.

Je ferais bien ces deux besognes-là à la fois, monsieur.

Monsieur Orgon.

Point d'impatience ; adieu.

Scène III

LISETTE, ARLEQUIN.

Arlequin.

Madame, il dit que je ne m'impatiente pas ; il en parle bien à son aise, le bonhomme !

Lisette.

J'ai de la peine à croire qu'il vous en coûte tant d'attendre, monsieur ; c'est par galanterie que vous faites l'impatient ; à peine êtes-vous arrivé ! Votre amour ne saurait être bien fort ; ce n'est tout au plus qu'un amour naissant.

ARLEQUIN.

Vous vous trompez, prodige de nos jours ; un amour de votre façon ne reste pas longtemps au berceau ; votre premier coup d'œil a fait naître le mien, le second lui a donné des forces et le troisième l'a rendu grand garçon ; tâchons de l'établir au plus vite ; ayez soin de lui, puisque vous êtes sa mère.

LISETTE.

Trouvez-vous qu'on le maltraite ? Est-il si abandonné ?

ARLEQUIN.

En attendant qu'il soit pourvu, donnez-lui seulement votre belle main blanche, pour l'amuser un peu.

LISETTE.

Tenez donc, petit importun, puisqu'on ne saurait avoir la paix qu'en vous amusant.

ARLEQUIN, *en lui baisant la main.*

Cher joujou de mon âme ! cela me réjouit comme du vin délicieux. Quel dommage de n'en avoir que roquille !

LISETTE.

Allons, arrêtez-vous ; vous êtes trop avide.

ARLEQUIN.

Je ne demande qu'à me soutenir, en attendant que je vive.

LISETTE.

Ne faut-il pas avoir de la raison ?

ARLEQUIN.

De la raison ! hélas, je l'ai perdue ; vos beaux yeux sont les filous qui me l'ont volée.

LISETTE.

Mais est-il possible, que vous m'aimiez tant ? je ne saurais me le persuader.

ARLEQUIN.

Je ne me soucie pas de ce qui est possible, moi ; mais je vous aime comme un perdu, et vous verrez bien dans votre miroir que cela est juste.

LISETTE.

Mon miroir ne servirait qu'à me rendre plus incrédule.

Arlequin.

Ah ! mignonne, adorable ! votre humilité ne serait donc qu'une hypocrite !

Lisette.

Quelqu'un vient à nous ; c'est votre valet.

Scène IV

DORANTE, ARLEQUIN, LISETTE.

Dorante.

Monsieur, pourrais-je vous entretenir un moment ?

Arlequin.

Non ; maudite soit la valetaille qui ne saurait nous laisser en repos !

Lisette.

Voyez ce qu'il nous veut, monsieur.

Dorante.

Je n'ai qu'un mot à vous dire.

ARLEQUIN.

Madame, s'il en dit deux, son congé sera le troisième. Voyons.

DORANTE, *bas à Arlequin.*

Viens donc, impertinent[2].

ARLEQUIN, *bas à Dorante.*

Ce sont des injures, et non pas des mots, cela… (*à Lisette.*) Ma reine, excusez.

LISETTE.

Faites, faites.

DORANTE, *bas.*

Débarrasse-moi de tout ceci ; ne te livre point ; parais sérieux et rêveur, et même mécontent ; entends-tu ?

ARLEQUIN.

Oui, mon ami ; ne vous inquiétez pas, et retirez-vous.

Scène V

ARLEQUIN, LISETTE.

Arlequin.

Ah ! madame, sans lui j'allais vous dire de belles choses, et je n'en trouverai plus que de communes à cette heure, hormis mon amour qui est extraordinaire. Mais à propos de mon amour, quand est-ce que le vôtre lui tiendra compagnie ?

Lisette.

Il faut espérer que cela viendra.

Arlequin.

Et croyez-vous que cela vienne bientôt ?

Lisette.

La question est vive ; savez-vous bien que vous m'embarrassez ?

Arlequin.

Que voulez-vous ? Je brûle et je crie au feu.

Lisette.

S'il m'était permis de m'expliquer si vite…

Arlequin.

Je suis du sentiment que vous le pouvez en conscience.

Lisette.

La retenue de mon sexe ne le veut pas.

Arlequin.

Ce n'est donc pas la retenue d'à présent ; elle donne bien d'autres permissions.

Lisette.

Mais, que me demandez-vous ?

Arlequin.

Dites-moi un petit brin que vous m'aimez. Tenez, je vous aime, moi ; faites l'écho ; répétez, princesse.

Lisette.

Quel insatiable ! Eh bien, monsieur, je vous aime.

Arlequin.

Eh bien, madame, je me meurs ; mon bonheur me confond, j'ai peur d'en courir les champs. Vous m'aimez ! cela est admirable !

Lisette.

J'aurais lieu à mon tour d'être étonnée de la promptitude de votre hommage. Peut-être m'aimerez-vous moins quand nous nous connaîtrons mieux.

Arlequin.

Ah ! madame, quand nous en serons là, j'y perdrai beaucoup ; il y aura bien à décompter.

Lisette.

Vous me croyez plus de qualités que je n'en ai.

Arlequin.

Et vous, madame, vous ne savez pas les miennes, et je ne devrais vous parler qu'à genoux.

Lisette.

Souvenez-vous qu'on n'est pas les maîtres de son sort.

Arlequin.

Les pères et mères font tout à leur tête.

Lisette.

Pour moi, mon cœur vous aurait choisi, dans quelque état que vous eussiez été.

Arlequin.

Il a beau jeu pour me choisir encore.

Lisette.

Puis-je me flatter que vous soyez de même à mon égard ?

Arlequin.

Hélas ! quand vous ne seriez que Perrette ou Margot ; quand je vous aurais vue, le martinet à la main descendre à la cave, vous auriez toujours été ma princesse.

Lisette.

Puissent de si beaux sentiments être durables !

Arlequin.

Pour les fortifier de part et d'autre, jurons-nous de nous aimer toujours, en dépit de toutes les fautes d'orthographe que vous aurez faites sur mon compte.

Lisette.

J'ai plus d'intérêt à ce serment-là que vous, et je le fais de tout mon cœur.

ARLEQUIN *se met à genoux.*

Votre bonté m'éblouit et je me prosterne devant elle.

LISETTE.

Arrêtez-vous ; je ne saurais vous souffrir dans cette posture-là, je serais ridicule de vous y laisser ; levez-vous. Voilà encore quelqu'un.

Scène VI

LISETTE, ARLEQUIN, SILVIA.

LISETTE.

Que voulez-vous, Lisette ?

SILVIA.

J'aurais à vous parler, madame.

ARLEQUIN.

Ne voilà-t-il pas ! Eh ! m'amie, revenez dans un quart d'heure ; allez. Les femmes de chambre de mon pays n'entrent point qu'on ne les appelle.

Silvia.

Monsieur, il faut que je parle à madame.

Arlequin.

Mais voyez l'opiniâtre soubrette ! Reine de ma vie, renvoyez-la. Retournez-vous-en, ma fille. Nous avons ordre de nous aimer avant qu'on nous marie ; n'interrompez point nos fonctions.

Lisette.

Ne pouvez-vous pas revenir dans un moment, Lisette ?

Silvia.

Mais, madame…

Arlequin.

Mais ! ce *mais*-là n'est bon qu'à me donner la fièvre.

Silvia, *à part.*

Ah le vilain homme ! *(Haut.)* Madame, je vous assure que cela est pressé.

Lisette.

Permettez donc que je m'en défasse, monsieur.

Arlequin.

Puisque le diable le veut, et elle aussi… patience… je me promènerai en attendant qu'elle ait fait. Ah ! les sottes gens que nos gens !

Scène VII

SILVIA, LISETTE.

Silvia.

Je vous trouve admirable de ne pas le renvoyer tout d'un coup et de me faire essuyer les brutalités de cet animal-là.

Lisette.

Pardi ! madame, je ne puis pas jouer deux rôles à la fois ; il faut que je paraisse ou la maîtresse ou la suivante, que j'obéisse ou que j'ordonne.

Silvia.

Fort bien ; mais puisqu'il n'y est plus, écoutez-moi comme votre maîtresse. Vous voyez bien que cet homme-là ne me convient point.

Lisette.

Vous n'avez pas eu le temps de l'examiner beaucoup.

Silvia.

Êtes-vous folle avec votre examen ? Est-il nécessaire de le voir deux fois pour juger du peu de convenance ? En un mot je n'en veux point. Apparemment mon père n'approuve pas la répugnance qu'il me voit ; car il me fuit et ne me dit mot. Dans cette conjoncture, c'est à vous à me tirer tout doucement d'affaire, en témoignant adroitement à ce jeune homme que vous n'êtes pas dans le goût de l'épouser.

Lisette.

Je ne saurais, madame.

Silvia.

Vous ne sauriez ? Et qu'est-ce qui vous en empêche ?

Lisette.

Monsieur Orgon me l'a défendu.

Silvia.

Il vous l'a défendu ! Mais je ne reconnais point mon père à ce procédé-là !

Lisette.

Positivement défendu.

Silvia.

Eh bien, je vous charge de lui dire mes dégoûts et de l'assurer qu'ils sont invincibles ; je ne saurais me persuader qu'après cela il veuille pousser les choses plus loin.

Lisette.

Mais, madame, le futur, qu'a-t-il donc de si désagréable, de si rebutant ?

Silvia.

Il me déplaît, vous dis-je, et votre peu de zèle aussi.

Lisette.

Donnez-vous le temps de voir ce qu'il est ; voilà tout ce qu'on vous demande.

Silvia.

Je le hais assez, sans prendre du temps pour le haïr davantage.

Lisette.

Son valet, qui fait l'important, ne vous aurait-il point gâté l'esprit sur son compte ?

Silvia.

Hum ! la sotte ! son valet a bien affaire ici !

Lisette.

C'est que je me méfie de lui, car il est raisonneur.

Silvia.

Finissez vos portraits ; on n'en a que faire. J'ai soin que ce valet me parle peu, et dans le peu qu'il m'a dit, il ne m'a jamais rien dit que de très sage.

Lisette.

Je crois qu'il est homme à vous avoir conté des histoires maladroites pour faire briller son bel esprit.

Silvia.

Mon déguisement ne m'expose-t-il pas à m'entendre dire de jolies choses ? À qui en avez-vous ? D'où vous vient la manie d'imputer à ce garçon une répugnance à laquelle il n'a point de part ? Car enfin, vous m'obligez à le justifier ; il n'est pas question de le brouiller avec son maître ni d'en faire un fourbe, pour me faire une imbécile, moi, qui écoute ses histoires.

Lisette.

Oh ! madame, dès que vous le défendez sur ce ton-là, et que cela va jusqu'à vous fâcher, je n'ai plus rien à dire.

Silvia.

Dès que je vous le défends sur ce ton-là ! Qu'est-ce que c'est que le ton dont vous dites cela vous-même ? Qu'entendez-vous par ce discours ? Que se passe-t-il dans votre esprit ?

Lisette.

Je dis, madame, que je ne vous ai jamais vue comme vous êtes et que je ne conçois rien à votre aigreur. Eh bien, si ce valet n'a rien dit, à la bonne heure ; il ne faut pas vous emporter pour le justifier ; je vous crois, voilà qui est fini ; je ne m'oppose pas à la bonne opinion que vous en avez, moi.

Silvia.

Voyez-vous le mauvais esprit ! comme elle tourne les choses ! Je me sens dans une indignation... qui... va jusqu'aux larmes.

Lisette.

En quoi donc, madame ? Quelle finesse entendez-vous à ce que je dis ?

Silvia.

Moi, j'y entends finesse ! moi, je vous querelle pour lui ! j'ai bonne opinion de lui ! Vous me manquez de respect jusque-là ! Bonne opinion, juste ciel ! bonne opinion ! Que faut-il que je réponde à cela ? Qu'est-ce que cela veut dire ? À qui parlez-vous ? Qui est-ce qui est à l'abri de ce qui m'arrive ? Où en sommes-nous ?

Lisette.

Je n'en sais rien ; mais je ne reviendrai de longtemps de la surprise où vous me jetez.

Silvia.

Elle a des façons de parler qui me mettent hors de moi. Retirez-vous, vous m'êtes insupportable ; laissez-moi ; je prendrai d'autres mesures.

Scène VIII

SILVIA, seule.

Je frissonne encore de ce que je lui ai entendu dire. Avec quelle impudence les domestiques ne nous traitent-ils pas dans leur esprit ! Comme ces gens-là vous dégradent ! Je ne saurais m'en remettre ; je n'oserais songer aux termes dont elle s'est servie, ils me font toujours peur. Il s'agit d'un valet ! Ah ! l'étrange chose ! Écartons l'idée dont cette insolente est venue me noircir l'imagination. Voici Bourguignon, voilà cet objet en question pour lequel je m'emporte ; mais ce n'est pas sa faute, le pauvre garçon ! et je ne dois pas m'en prendre à lui.

Scène IX

DORANTE, SILVIA.

Dorante.
Lisette, quelque éloignement que tu aies pour moi, je suis forcé de te parler ; je crois que j'ai à me plaindre de toi.

Silvia.

Bourguignon, ne nous tutoyons plus, je t'en prie.

Dorante.

Comme tu voudras.

Silvia.

Tu n'en fais pourtant rien.

Dorante.

Ni toi non plus ; tu me dis : *je t'en prie*.

Silvia.

C'est que cela m'est échappé.

Dorante.

Eh bien, crois-moi, parlons comme nous pourrons ; ce n'est pas la peine de nous gêner pour le peu de temps que nous avons à nous voir.

Silvia.

Est-ce que ton maître s'en va ? Il n'y aurait pas grande perte.

DORANTE.

Ni à moi non plus, n'est-il pas vrai ? J'achève ta pensée.

SILVIA.

Je l'achèverais bien moi-même, si j'en avais envie ; mais je ne songe pas à toi.

DORANTE.

Et moi, je ne te perds point de vue.

SILVIA.

Tiens, Bourguignon, une bonne fois pour toutes, demeure, va-t'en, reviens, tout cela doit m'être indifférent, et me l'est en effet ; je ne te veux ni bien ni mal ; je ne te hais, ni ne t'aime, ni ne t'aimerai, à moins que l'esprit ne me tourne. Voilà mes dispositions ; ma raison ne m'en permet point d'autres, et je devrais me dispenser de te le dire.

DORANTE.

Mon malheur est inconcevable. Tu m'ôtes peut-être tout le repos de ma vie.

SILVIA.

Quelle fantaisie il s'est allé mettre dans l'esprit ! Il me fait de la peine. Reviens à toi. Tu me parles, je te réponds ; c'est beaucoup, c'est trop même ; tu peux m'en croire, et, si tu étais instruit, en vérité, tu serais content de moi ; tu me trouverais d'une bonté sans exemple, d'une bonté que je blâmerais dans une autre. Je ne me la reproche pourtant pas ; le fond de mon cœur me rassure, ce que je fais est louable. C'est par générosité que je te parle ; mais il ne faut pas que cela dure ; ces générosités-là ne sont bonnes qu'en passant, et je ne suis pas faite pour me rassurer toujours sur l'innocence de mes intentions ; à la fin, cela ne ressemblerait plus à rien. Ainsi, finissons, Bourguignon ; finissons, je t'en prie. Qu'est-ce que cela signifie ? c'est se moquer ; allons, qu'il n'en soit plus parlé.

DORANTE.

Ah ! ma chère Lisette, que je souffre !

SILVIA.

Venons à ce que tu voulais me dire. Tu te plaignais de moi quand tu es entré ; de quoi était-il question ?

DORANTE.

De rien, d'une bagatelle ; j'avais envie de te voir, et je crois que je n'ai pris qu'un prétexte.

Silvia, *à part.*

Que dire à cela ? Quand je m'en fâcherais, il n'en serait ni plus ni moins.

Dorante.

Ta maîtresse, en partant, a paru m'accuser de t'avoir parlé au désavantage de mon maître.

Silvia.

Elle se l'imagine ; et, si elle t'en parle encore, tu peux le nier hardiment ; je me charge du reste.

Dorante.

Eh, ce n'est pas cela qui m'occupe !

Silvia.

Si tu n'as que cela à me dire, nous n'avons plus que faire ensemble.

Dorante.

Laisse-moi du moins le plaisir de te voir.

Silvia.

Le beau motif qu'il me fournit là ! J'amuserai la passion de Bourguignon ! Le souvenir de tout ceci me fera bien rire un jour.

DORANTE.

Tu me railles, tu as raison ; je ne sais ce que je dis, ni ce que je te demande. Adieu.

SILVIA.

Adieu, tu prends le bon parti… Mais, à propos de tes adieux, il me reste encore une chose à savoir. Vous partez, m'as-tu dit ; cela est-il sérieux ?

DORANTE.

Pour moi il faut que je parte ou que la tête me tourne.

SILVIA.

Je ne t'arrêtais pas pour cette réponse-là, par exemple.

DORANTE.

Et je n'ai fait qu'une faute ; c'est de n'être pas parti dès que je t'ai vue.

SILVIA, *à part*.

J'ai besoin à tout moment d'oublier que je l'écoute.

DORANTE.

Si tu savais, Lisette, l'état où je me trouve…

SILVIA.

Oh ! il n'est pas si curieux à savoir que le mien, je t'en assure.

DORANTE.

Que peux-tu me reprocher ? Je ne me propose pas de te rendre sensible.

SILVIA, *à part.*

Il ne faudrait pas s'y fier.

DORANTE.

Et que pourrais-je espérer en tâchant de me faire aimer ? Hélas ! quand même je posséderais ton cœur…

SILVIA.

Que le ciel m'en préserve ! quand tu le posséderais, tu ne le saurais pas ; et je ferais si bien que je ne le saurais pas moi-même. Tenez, quelle idée il lui vient là !

DORANTE.

Il est donc bien vrai que tu ne me hais, ni ne m'aimes, ni ne m'aimeras ?

SILVIA.

Sans difficulté.

DORANTE.

Sans difficulté ! Qu'ai-je donc de si affreux ?

SILVIA.

Rien ; ce n'est pas là ce qui te nuit.

DORANTE.

Eh bien ! chère Lisette, dis-le-moi cent fois, que tu ne m'aimeras point.

SILVIA.

Oh ! je te l'ai assez dit ; tâche de me croire.

DORANTE.

Il faut que je croie ! Désespère une passion dangereuse, sauve-moi des effets que j'en crains ; tu ne me hais, ni ne m'aimes, ni ne m'aimeras ; accable mon cœur de cette certitude-là. J'agis de bonne foi, donne-moi du secours contre moi-même ; il m'est nécessaire, je te le demande à genoux.

(Il se jette à genoux. Dans ce moment, M. Orgon et Mario entrent et ne disent mot.)

Scène X

MONSIEUR ORGON, MARIO, SILVIA, DORANTE.

SILVIA.

Ah ! nous y voilà ! il ne manquait plus que cette façon-là à mon aventure. Que je suis malheureuse ! c'est ma facilité qui le place là. Lève-toi donc, Bourguignon, je t'en conjure ; il peut venir quelqu'un. Je dirai ce qu'il te plaira ; que me veux-tu ? je ne te hais point. Lève-toi ; je t'aimerais, si je pouvais ; tu ne me déplais point ; cela doit te suffire.

DORANTE.

Quoi ! Lisette, si je n'étais pas ce que je suis, si j'étais riche, d'une condition honnête, et que je t'aimasse autant que je t'aime, ton cœur n'aurait point de répugnance pour moi ?

SILVIA.

Assurément.

Dorante.

Tu ne me haïrais pas ? Tu me souffrirais ?

Silvia.

Volontiers. Mais lève-toi.

Dorante.

Tu parais le dire sérieusement, et, si cela est, ma raison est perdue.

Silvia.

Je dis ce que tu veux, et tu ne te lèves point.

Monsieur Orgon, *s'approchant*

C'est bien dommage de vous interrompre ; cela va à merveille, mes enfants ; courage !

Silvia.

Je ne saurais empêcher ce garçon de se mettre à genoux, monsieur. Je ne suis pas en état de lui en imposer, je pense.

Monsieur Orgon.

Vous vous convenez parfaitement bien tous deux ; mais j'ai à te dire un mot, Lisette, et vous reprendrez votre conversation quand nous serons partis. Vous le voulez bien, Bourguignon ?

Dorante.

Je me retire, monsieur.

Monsieur Orgon.

Allez, et tâchez de parler de votre maître avec un peu plus de ménagement que vous ne faites.

Dorante.

Moi, monsieur !

Mario.

Vous-même, monsieur Bourguignon ; vous ne brillez pas trop dans le respect que vous avez pour votre maître, dit-on.

Dorante.

Je ne sais ce qu'on veut dire.

Monsieur Orgon.

Adieu, adieu ; vous vous justifierez une autre fois.

Scène XI

SILVIA, MONSIEUR ORGON, MARIO.

MONSIEUR ORGON.

Eh bien, Silvia, vous ne nous regardez pas ; vous avez l'air tout embarrassé.

SILVIA.

Moi, mon père ! et où serait le motif de mon embarras ? Je suis, grâce au ciel, comme à mon ordinaire ; je suis fâchée de vous dire que c'est une idée.

MARIO.

Il y a quelque chose, ma sœur, il y a quelque chose.

SILVIA.

Quelque chose dans votre tête, à la bonne heure, mon frère ; mais, dans la mienne, il n'y a que l'étonnement de ce que vous dites.

MONSIEUR ORGON.

C'est donc ce garçon qui vient de sortir qui t'inspire cette extrême antipathie que tu as pour son maître ?

SILVIA.

Qui ? le domestique de Dorante ?

MONSIEUR ORGON.

Le galant Bourguignon.

SILVIA.

Le galant Bourguignon, dont je ne savais pas l'épithète, ne me parle pas de lui.

MONSIEUR ORGON.

Cependant, on prétend que c'est lui qui le détruit auprès de toi, et c'est sur quoi j'étais bien aise de te parler.

SILVIA.

Ce n'est pas la peine, mon père ; personne au monde que son maître ne m'a donné l'aversion naturelle que j'ai pour lui.

MARIO.

Ma foi ! tu as beau dire, ma sœur ; elle est trop forte pour être si naturelle, et quelqu'un y a aidé.

Silvia, *avec vivacité.*

Avec quel air mystérieux vous me dites cela, mon frère ! Et qui est donc ce quelqu'un qui y a aidé ? Voyons.

Mario.

Dans quelle humeur es-tu, ma sœur ? Comme tu t'emportes !

Silvia.

C'est que je suis bien lasse de mon personnage, et je me serais déjà démasquée, si je n'avais pas craint de fâcher mon père.

Monsieur Orgon.

Gardez-vous-en bien, ma fille ; je viens ici pour vous le recommander. Puisque j'ai eu la complaisance de vous permettre votre déguisement, il faut, s'il vous plaît, que vous ayez celle de suspendre votre jugement sur Dorante, et de voir si l'aversion qu'on vous a donnée pour lui est légitime.

Silvia.

Vous ne m'écoutez donc point, mon père ? Je vous dis qu'on ne me l'a point donnée.

Mario.

Quoi ! ce babillard qui vient de sortir ne t'a pas un peu dégoûtée de lui ?

Silvia, *avec feu.*

Que vos discours sont désobligeants ! m'a dégoûtée de lui ! dégoûtée ! J'essuie des expressions bien étranges ; je n'entends plus que des choses inouïes, qu'un langage inconcevable ; j'ai l'air embarrassé, il y a quelque chose ; et puis c'est le galant Bourguignon qui m'a dégoûtée. C'est tout ce qu'il vous plaira, mais je n'y entends rien.

Mario.

Pour le coup, c'est toi qui es étrange. À qui en as-tu donc ? D'où vient que tu es si fort sur le qui-vive ? Dans quelle idée nous soupçonnes-tu ?

Silvia.

Courage, mon frère ! Par quelle fatalité aujourd'hui ne pouvez-vous me dire un mot qui ne me choque ? Quel soupçon voulez-vous qui me vienne ? Avez-vous des visions ?

Monsieur Orgon.

Il est vrai que tu es si agitée que je ne te reconnais point non plus. Ce sont apparemment ces mouvements-là qui sont cause que Lisette nous a parlé comme elle a fait. Elle accusait ce valet de ne t'avoir pas entretenue à l'avantage de son maître, et, « madame, nous a-t-elle dit, l'a défendu contre moi avec tant de colère que j'en suis encore toute surprise ». C'est sur ce mot de *surprise* que nous l'avons querellée ; mais ces gens-là ne savent pas la conséquence d'un mot.

Silvia.

L'impertinente ! y a-t-il rien de plus haïssable que cette fille-là ? J'avoue que je me suis fâchée par un esprit de justice pour ce garçon.

Mario.

Je ne vois point de mal à cela.

Silvia.

Y a-t-il rien de plus simple ? Quoi ! parce que je suis équitable, que je veux qu'on ne nuise à personne, que je veux sauver un domestique du tort qu'on peut lui faire auprès de son maître, on dit que j'ai des emportements, des fureurs dont on est surprise ! Un moment après un mauvais esprit raisonne ; il faut se fâcher, il faut la faire taire, et prendre mon parti contre elle, à cause de la conséquence de ce qu'elle dit ! Mon parti ! J'ai donc besoin qu'on me défende, qu'on me justifie ! On peut donc mal interpréter ce que je fais ! Mais que fais-je ? de quoi m'accuse-t-on ? Instruisez-moi, je vous en conjure ; cela est sérieux. Me joue-t-on ? se moque-t-on de moi ? Je ne suis pas tranquille.

Monsieur Orgon.

Doucement donc.

Silvia.

Non, monsieur, il n'y a point de douceur qui tienne. Comment donc ! des surprises, des conséquences ! Eh ! qu'on s'explique ! que veut-on dire ? On accuse ce valet, et on a tort ; vous vous trompez tous, Lisette est une folle, il est innocent, et voilà qui est fini. Pourquoi donc m'en reparler encore ? Je suis outrée !

Monsieur Orgon.

Tu te retiens, ma fille ; tu aurais grande envie de me quereller aussi. Mais, faisons mieux ; il n'y a que ce valet qui est suspect ici, Dorante n'a qu'à le chasser.

Silvia.

Quel malheureux déguisement ! Surtout que Lisette ne m'approche pas ; je la hais plus que Dorante.

Monsieur Orgon.

Tu la verras, si tu veux ; mais tu dois être charmée que ce garçon s'en aille ; car il t'aime, et cela t'importune assurément.

Silvia.

Je n'ai point à m'en plaindre ; il me prend pour une suivante, et il me parle sur ce ton-là ; mais il ne me dit pas ce qu'il veut, j'y mets bon ordre.

Mario.

Tu n'en es pas tant la maîtresse que tu le dis bien.

Monsieur Orgon.

Ne l'avons-nous pas vu se mettre à genoux malgré toi ? N'as-tu pas été obligée, pour le faire lever, de lui dire qu'il ne te déplaisait pas ?

Silvia, *à part.*

J'étouffe !

Mario.

Encore a-t-il fallu, quand il t'a demandé si tu l'aimerais, que tu aies tendrement ajouté : « volontiers » ; sans quoi il y serait encore.

Silvia.

L'heureuse apostille, mon frère ! Mais comme l'action m'a déplu, la répétition n'en est pas aimable. Ah çà, parlons sérieusement, quand finira la comédie que vous vous donnez sur mon compte ?

Monsieur Orgon.

La seule chose que j'exige de toi, ma fille, c'est de ne te déterminer à le refuser qu'avec connaissance de cause. Attends encore ; tu me remercieras du délai que je demande ; je t'en réponds.

Mario.

Tu épouseras Dorante, et même avec inclination, je te le prédis… Mais, mon père, je vous demande grâce pour le valet.

Silvia.

Pourquoi grâce ? et moi, je veux qu'il sorte.

Monsieur Orgon.

Son maître en décidera ; allons-nous-en.

Mario.

Adieu, adieu ma sœur ; sans rancune !

Scène XII

SILVIA seule ; DORANTE, qui vient peu après.

Silvia.

Ah, que j'ai le cœur serré ! Je ne sais ce qui se mêle à l'embarras où je me trouve ; toute cette aventure-ci m'afflige : je me défie de tous les visages ; je ne suis contente de personne, je ne le suis pas de moi-même.

Dorante.

Ah ! je te cherchais, Lisette.

Silvia.

Ce n'était pas la peine de me trouver, car je te fuis, moi.

Dorante, *l'empêchant de sortir.*

Arrête donc, Lisette ; j'ai à te parler pour la dernière fois ; il s'agit d'une chose de conséquence qui regarde tes maîtres.

Silvia.

Va la dire à eux-mêmes ; je ne te vois jamais que tu ne me chagrines ; laisse-moi.

Dorante.

Je t'en offre autant ; mais écoute-moi, te dis-je ; tu vas voir les choses bien changer de face par ce que je te vais dire.

Silvia.

Eh bien, parle donc ; je t'écoute, puisqu'il est arrêté que ma complaisance pour toi sera éternelle.

Dorante.

Me promets-tu le secret ?

Silvia.

Je n'ai jamais trahi personne.

Dorante.

Tu ne dois la confidence que je vais te faire, qu'à l'estime que j'ai pour toi.

Silvia.

Je le crois ; mais tâche de m'estimer sans me le dire, car cela sent le prétexte.

DORANTE.

Tu te trompes, Lisette ; tu m'as promis le secret ; achevons. Tu m'as vu dans de grands mouvements ; je n'ai pu me défendre de t'aimer.

SILVIA.

Nous y voilà ; je me défendrai bien de t'entendre, moi ; adieu.

DORANTE.

Reste ; ce n'est plus Bourguignon qui te parle.

SILVIA.

Eh ! qui es-tu donc ?

DORANTE.

Ah, Lisette ! C'est ici où tu vas juger des peines qu'a dû ressentir mon cœur.

SILVIA.

Ce n'est pas à ton cœur que je parle, c'est à toi.

DORANTE.

Personne ne vient-il ?

SILVIA.

Non.

DORANTE.

L'état où sont toutes les choses me force à te le dire, je suis trop honnête homme pour n'en pas arrêter le cours.

SILVIA.

Soit.

DORANTE.

Sache que celui qui est avec ta maîtresse n'est pas ce qu'on pense.

SILVIA, *vivement.*

Qui est-il donc ?

DORANTE.

Un valet.

SILVIA.

Après ?

DORANTE.

C'est moi qui suis Dorante

SILVIA, *à part.*

Ah ! je vois clair dans mon cœur.

DORANTE.

Je voulais sous cet habit pénétrer un peu ce que c'était que ta maîtresse, avant de l'épouser. Mon père, en partant, me permit ce que j'ai fait, et l'événement m'en paraît un songe. Je hais la maîtresse dont je devais être l'époux, et j'aime la suivante qui ne devait trouver en moi qu'un nouveau maître. Que faut-il que je fasse à présent ? Je rougis pour elle de le dire, mais ta maîtresse a si peu de goût qu'elle est éprise de mon valet au point qu'elle l'épousera si on la laisse faire. Quel parti prendre ?

SILVIA, *à part.*

Cachons-lui qui je suis... (*Haut.*) Votre situation est neuve assurément ! Mais, monsieur, je vous fais d'abord mes excuses de tout ce que mes discours ont pu avoir d'irrégulier dans nos entretiens.

DORANTE, *vivement.*

Tais-toi, Lisette ; tes excuses me chagrinent, elles me rappellent la distance qui nous sépare, et ne me la rendent que plus douloureuse.

Silvia.

Votre penchant pour moi est-il si sérieux ? M'aimez-vous jusque-là ?

Dorante.

Au point de renoncer à tout engagement puisqu'il ne m'est pas permis d'unir mon sort au tien ; et, dans cet état, la seule douceur que je pouvais goûter, c'était de croire que tu ne me haïssais pas.

Silvia.

Un cœur qui m'a choisie dans la condition où je suis est assurément bien digne qu'on l'accepte, et je le payerais volontiers du mien si je ne craignais pas de le jeter dans un engagement qui lui ferait tort.

Dorante.

N'as-tu pas assez de charmes, Lisette ? y ajoutes-tu encore la noblesse avec laquelle tu me parles ?

Silvia.

J'entends quelqu'un. Patientez encore sur l'article de votre valet ; les choses n'iront pas si vite ; nous nous reverrons, et nous chercherons les moyens de vous tirer d'affaire.

Dorante.

Je suivrai tes conseils. *(Il sort.)*

Silvia.

Allons, j'avais grand besoin que ce fût là Dorante.

Scène XIII

SILVIA, MARIO.

Mario.

Je viens te retrouver, ma sœur. Nous t'avons laissée dans des inquiétudes qui me touchent ; je veux t'en tirer, écoute-moi.

Silvia, *vivement.*

Ah vraiment, mon frère, il y a bien d'autres nouvelles !

Mario.

Qu'est-ce que c'est ?

Silvia.

Ce n'est point Bourguignon, mon frère ; c'est Dorante.

MARIO.

Duquel parlez-vous donc ?

SILVIA.

De lui, vous dis-je ; je viens de l'apprendre tout à l'heure. Il sort ; il me l'a dit lui-même.

MARIO.

Qui donc ?

SILVIA.

Vous ne m'entendez donc pas ?

MARIO.

Si j'y comprends rien, je veux mourir.

SILVIA.

Venez, sortons d'ici ; allons trouver mon père, il faut qu'il le sache. J'aurai besoin de vous aussi, mon frère. Il me vient de nouvelles idées ; il faudra feindre de m'aimer. Vous en avez déjà dit quelque chose en badinant ; mais surtout gardez bien le secret, je vous en prie…

Mario.

Oh ! je le garderai bien, car je ne sais ce que c'est.

Silvia.

Allons, mon frère, venez ; ne perdons point de temps. Il n'est jamais rien arrivé d'égal à cela.

Mario.

Je prie le ciel qu'elle n'extravague pas.

ACTE III

Scène première

DORANTE, ARLEQUIN.

Arlequin.

Hélas ! monsieur, mon très honoré maître, je vous en conjure…

Dorante.

Encore !

ARLEQUIN.

Ayez compassion de ma bonne aventure ; ne portez point guignon à mon bonheur qui va son train si rondement ; ne lui fermez point le passage.

DORANTE.

Allons donc, misérable ; je crois que tu te moques de moi ; tu mériterais cent coups de bâton…

ARLEQUIN.

Je ne les refuse point, si je les mérite ; mais quand je les aurais reçus, permettez-moi d'en mériter d'autres. Voulez-vous que j'aille chercher le bâton ?

DORANTE.

Maraud !

ARLEQUIN.

Maraud soit ; mais cela n'est point contraire à faire fortune.

DORANTE.

Ce coquin ! quelle idée lui prend !

ARLEQUIN.

Coquin est encore bon ; il me convient aussi ; un maraud n'est point déshonoré d'être appelé coquin ; mais un coquin peut faire un bon mariage.

DORANTE.

Comment, insolent ! tu veux que je laisse un honnête homme dans l'erreur, et que je souffre que tu épouses sa fille sous mon nom ? Écoute ; si tu me parles encore de cette impertinence-là, dès que j'aurai averti M. Orgon de ce que tu es, je te chasse ; entends-tu ?

ARLEQUIN.

Accommodons-nous ; cette demoiselle m'adore, elle m'idolâtre. Si je lui dis mon état de valet, et que, nonobstant, son tendre cœur soit toujours friand de la noce avec moi, ne laisserez-vous pas jouer les violons ?

DORANTE.

Dès qu'on te connaîtra, je ne m'en embarrasse plus.

ARLEQUIN.

Bon ; je vais de ce pas prévenir cette généreuse personne sur mon habit de caractère. J'espère que ce ne sera pas un galon de couleur qui nous brouillera ensemble, et que son amour me fera passer à la table en dépit du sort qui ne m'a mis qu'au buffet.

Scène II

DORANTE, seul, et ensuite MARIO.

Dorante.

Tout ce qui se passe ici, tout ce qui m'y est arrivé à moi-même, est incroyable… Je voudrais pourtant bien voir Lisette, et savoir le succès de ce qu'elle m'a promis de faire auprès de sa maîtresse pour me tirer d'embarras. Allons voir si je pourrai la trouver seule.

Mario.

Arrêtez, Bourguignon ; j'ai un mot à vous dire.

Dorante.

Qu'y a-t-il pour votre service, monsieur ?

Mario.

Vous en contez à Lisette ?

DORANTE.

Elle est si aimable, qu'on aurait de la peine à ne lui pas parler d'amour.

MARIO.

Comment reçoit-elle ce que vous lui dites ?

DORANTE.

Monsieur, elle en badine.

MARIO.

Tu as de l'esprit ; ne fais-tu pas l'hypocrite ?

DORANTE.

Non ; mais qu'est-ce que cela vous fait ? Supposé que Lisette eût du goût pour moi…

MARIO.

Du goût pour lui ! où prenez-vous vos termes ? Vous avez le langage bien précieux pour un garçon de votre espèce.

DORANTE.

Monsieur, je ne saurais parler autrement.

Mario.

C'est apparemment avec ces petites délicatesses-là que vous attaquez Lisette ? Cela imite l'homme de condition.

Dorante.

Je vous assure, monsieur, que je n'imite personne ; mais, sans doute, vous ne venez pas exprès pour me traiter de ridicule et vous aviez autre chose à me dire ? Nous parlions de Lisette, de mon inclination pour elle et de l'intérêt que vous y prenez.

Mario.

Comment, morbleu ! il y a déjà un ton de jalousie dans ce que tu me réponds ! Modère-toi un peu. Eh bien ! tu me disais qu'en supposant que Lisette eût du goût pour toi… après ?

Dorante.

Pourquoi faudrait-il que vous le sussiez, monsieur ?

Mario.

Ah ! le voici : c'est que, malgré le ton badin que j'ai pris tantôt, je serais très fâché qu'elle t'aimât ; c'est que, sans autre raisonnement, je te défends de t'adresser davantage à elle ; non pas dans le fond que je craigne qu'elle t'aime, elle me paraît avoir le cœur trop haut pour cela ; mais c'est qu'il me déplaît à moi d'avoir Bourguignon pour rival.

DORANTE.

Ma foi, je vous crois ; car Bourguignon, tout Bourguignon qu'il est, n'est pas même content que vous soyez le sien.

MARIO.

Il prendra patience.

DORANTE.

Il faudra bien ; mais, monsieur, vous l'aimez donc beaucoup ?

MARIO.

Assez pour m'attacher sérieusement à elle dès que j'aurai pris de certaines mesures. Comprends-tu ce que cela signifie ?

DORANTE.

Oui, je crois que je suis au fait ; et sur ce pied-là vous êtes aimé, sans doute ?

MARIO.

Qu'en penses-tu ? Est-ce que je ne vaux pas la peine de l'être ?

DORANTE.

Vous ne vous attendez pas à être loué par vos propres rivaux, peut-être ?

MARIO.

La réponse est de bon sens, je te la pardonne ; mais je suis bien mortifié de ne pouvoir pas dire qu'on m'aime, et je ne le dis pas pour t'en rendre compte, comme tu le crois bien ; mais c'est qu'il faut dire la vérité.

DORANTE.

Vous m'étonnez, monsieur ; Lisette ne sait donc pas vos desseins ?

MARIO.

Lisette sait tout le bien que je lui veux et n'y paraît pas sensible ; mais j'espère que la raison me gagnera son cœur. Adieu, retire-toi sans bruit. Son indifférence pour moi, malgré tout ce que je lui offre, doit te consoler du sacrifice que tu me feras… Ta livrée n'est pas propre à faire pencher la balance en ta faveur, et tu n'es pas fait pour lutter contre moi.

Scène III

SILVIA, DORANTE, MARIO.

Mario.

Ah ! te voilà, Lisette ?

Silvia.

Qu'avez-vous, monsieur ? vous me paraissez ému ?

Mario.

Ce n'est rien ; je disais un mot à Bourguignon.

Silvia.

Il est triste ; est-ce que vous le querelliez ?

Dorante.

Monsieur m'apprend qu'il vous aime, Lisette.

Silvia.

Ce n'est pas ma faute.

DORANTE.

Et me défend de vous aimer.

SILVIA.

Il me défend donc de vous paraître aimable ?

MARIO.

Je ne saurais empêcher qu'il ne t'aime, belle Lisette ; mais je ne veux pas qu'il te le dise.

SILVIA.

Il ne me le dit plus ; il ne fait que me le répéter.

MARIO.

Du moins ne te le répétera-t-il pas quand je serai présent. Retirez-vous, Bourguignon.

DORANTE.

J'attends qu'elle me l'ordonne.

MARIO.

Encore !

SILVIA.

Il dit qu'il attend ; ayez donc patience.

Dorante.

Avez-vous de l'inclination pour monsieur ?

Silvia.

Quoi ! de l'amour ? oh ! je crois qu'il ne sera pas nécessaire qu'on me le défende.

Dorante.

Ne me trompez-vous pas ?

Mario.

En vérité, je joue ici un joli personnage ! Qu'il sorte donc. À qui est-ce que je parle ?

Dorante.

À Bourguignon, voilà tout.

Mario.

Eh bien, qu'il s'en aille !

Dorante, *à part.*

Je souffre.

Silvia.

Cédez puisqu'il se fâche.

Dorante, *bas à Silvia.*

Vous ne demandez peut-être pas mieux ?

Mario.

Allons, finissons.

Dorante.

Vous ne m'aviez pas dit cet amour-là, Lisette.

Scène IV

MONSIEUR ORGON, MARIO, SILVIA.

Silvia.

Si je n'aimais pas cet homme-là, avouons que je serais bien ingrate.

Mario, *riant.*

Ah ! ah ! ah ! ah !

MONSIEUR ORGON.

De quoi riez-vous, Mario ?

MARIO.

De la colère de Dorante qui sort, et que j'ai obligé de quitter Lisette.

SILVIA.

Mais que vous a-t-il dit dans le petit entretien que vous avez eu tête-à-tête avec lui ?

MARIO.

Je n'ai jamais vu d'homme ni plus intrigué, ni de plus mauvaise humeur.

MONSIEUR ORGON.

Je ne suis pas fâché qu'il soit la dupe de son propre stratagème ; d'ailleurs à le bien prendre, il n'y a rien de si flatteur ni de plus obligeant pour lui que tout ce que tu as fait jusqu'ici, ma fille ; mais en voilà assez.

MARIO.

Mais où en est-il précisément, ma sœur ?

SILVIA.

Hélas ! mon frère, je vous avoue que j'ai lieu d'être contente.

Mario.

Hélas ! mon frère, dit-elle. Sentez-vous cette paix douce qui se mêle à ce qu'elle dit ?

Monsieur Orgon.

Quoi ! ma fille, tu espères qu'il ira jusqu'à t'offrir sa main dans le déguisement où te voilà ?

Silvia.

Oui, mon cher père, je l'espère.

Mario.

Friponne que tu es ! avec ton cher père, tu ne nous grondes plus à présent, tu nous dis des douceurs.

Silvia.

Vous ne me passez rien.

Mario.

Ah ! ah ! je prends ma revanche ; tu m'as tantôt chicané sur mes expressions ; il faut bien à mon tour que je badine un peu sur les tiennes ; ta joie est bien aussi divertissante que l'était ton inquiétude.

Monsieur Orgon.

Vous n'aurez point à vous plaindre de moi, ma fille ; j'acquiesce à tout ce qui vous plaît.

Silvia.

Ah ! monsieur, si vous saviez combien je vous aurai d'obligation ! Dorante et moi, nous sommes destinés l'un à l'autre. Il doit m'épouser ; si vous saviez combien je lui tiendrai compte de ce qu'il fait aujourd'hui pour moi, combien mon cœur gardera le souvenir de l'excès de tendresse qu'il me montre ! si vous saviez combien tout ceci va rendre notre union aimable ! Il ne pourra jamais se rappeler notre histoire sans m'aimer ; je n'y songerai jamais, que je ne l'aime. Vous avez fondé notre bonheur pour la vie, en me laissant faire ; c'est un mariage unique ; c'est une aventure dont le seul récit est attendrissant ; c'est le coup de hasard le plus singulier, le plus heureux, le plus...

Mario.

Ah ! ah ! ah ! que ton cœur a de caquet, ma sœur ! quelle éloquence !

Monsieur Orgon.

Il faut convenir que le régal que tu te donnes est charmant, surtout si tu achèves.

Silvia.

Cela vaut fait, Dorante est vaincu, j'attends mon captif.

Mario.

Ses fers seront plus dorés qu'il ne pense ; mais je lui crois l'âme en peine, et j'ai pitié de ce qu'il souffre.

Silvia.

Ce qui lui en coûte à se déterminer ne me le rend que plus estimable. Il pense qu'il chagrinera son père en m'épousant ; il croit trahir sa fortune et sa naissance. Voilà de grands sujets de réflexions ; je serai charmée de triompher. Mais il faut que j'arrache ma victoire, et non pas qu'il me la donne ; je veux un combat entre l'amour et la raison.

Mario.

Et que la raison y périsse.

Monsieur Orgon.

C'est-à-dire que tu veux qu'il sente toute l'étendue de l'impertinence qu'il croira faire. Quelle insatiable vanité d'amour-propre !

Mario.

Cela, c'est l'amour-propre d'une femme ; et il est tout des plus unis.

Scène V

MONSIEUR ORGON, SILVIA, MARIO, LISETTE.

Monsieur Orgon.

Paix, voici Lisette ; voyons ce qu'elle nous veut.

Lisette.

Monsieur, vous m'avez dit tantôt que vous m'abandonniez Dorante, que vous livriez sa tête à ma discrétion ; je vous ai pris au mot ; j'ai travaillé comme pour moi, et vous verrez de l'ouvrage bien fait ; allez, c'est une tête bien conditionnée. Que voulez-vous que j'en fasse à présent ? Madame me le cède-t-elle ?

Monsieur Orgon.

Ma fille, encore une fois n'y prétendez-vous rien ?

Silvia.

Non, je te le donne, Lisette ; je te remets tous mes droits, et pour dire comme toi, je ne prendrai jamais de part à un cœur que je n'aurai pas conditionné moi-même.

Lisette.

Quoi ! vous voulez bien que je l'épouse ? Monsieur le veut bien aussi ?

Monsieur Orgon.

Oui ; qu'il s'accommode ! pourquoi t'aime-t-il ?

Mario.

J'y consens aussi, moi.

Lisette.

Moi aussi, et je vous en remercie tous.

Monsieur Orgon.

Attends, j'y mets pourtant une petite restriction ; c'est qu'il faudrait, pour nous disculper de ce qui arrivera, que tu lui dises un peu qui tu es.

Lisette.

Mais si je le lui dis un peu, il le saura tout à fait.

Monsieur Orgon.

Eh bien, cette tête en si bon état ne soutiendra-t-elle pas cette secousse-là ? Je ne le crois pas de caractère à s'effaroucher là-dessus.

Lisette.

Le voici qui me cherche ; ayez donc la bonté de me laisser le champ libre ; il s'agit ici de mon chef-d'œuvre.

Monsieur Orgon.

Cela est juste ; retirons-nous.

Silvia.

De tout mon cœur.

Mario.

Allons.

Scène VI

LISETTE, ARLEQUIN.

Arlequin.

Enfin, ma reine, je vous vois et je ne vous quitte plus ; car j'ai trop pitié d'avoir manqué de votre présence, et j'ai cru que vous esquiviez la mienne.

Lisette.

Il faut vous avouer, monsieur, qu'il en était quelque chose.

Arlequin.

Comment donc, ma chère âme, élixir de mon cœur, avez-vous entrepris la fin de ma vie ?

Lisette.

Non, mon cher ; la durée m'en est trop précieuse.

Arlequin.

Ah ! que ces paroles me fortifient !

Lisette.

Et vous ne devez point douter de ma tendresse.

Arlequin.

Je voudrais bien pouvoir baiser ces petits mots-là, et les cueillir sur votre bouche avec la mienne.

Lisette.

Mais vous me pressiez sur notre mariage, et mon père ne m'avait pas encore permis de vous répondre ; je viens de lui parler, et j'ai son aveu pour vous dire que vous pouvez lui demander ma main quand vous voudrez.

Arlequin.

Avant que je la demande à lui, souffrez que je la demande à vous ; je veux lui rendre mes grâces de la charité qu'elle aura de vouloir bien entrer dans la mienne qui en est véritablement indigne.

Lisette.

Je ne refuse pas de vous la prêter un moment, à condition que vous la prendrez pour toujours.

Arlequin.

Chère petite main rondelette et potelée, je vous prends sans marchander. Je ne suis pas en peine de l'honneur que vous me ferez ; il n'y a que celui que je vous rendrai qui m'inquiète

Lisette.

Vous m'en rendrez plus qu'il ne m'en faut.

Arlequin.

Ah ! que nenni ; vous ne savez pas cette arithmétique-là aussi bien que moi.

Lisette.

Je regarde pourtant votre amour comme un présent du ciel.

Arlequin.

Le présent qu'il vous a fait ne le ruinera pas ; il est bien mesquin.

Lisette.

Je ne le trouve que trop magnifique.

Arlequin.

C'est que vous ne le voyez pas au grand jour.

Lisette.

Vous ne sauriez croire combien votre modestie m'embarrasse.

ARLEQUIN.

Ne faites point dépense d'embarras ; je serais bien effronté, si je n'étais modeste.

LISETTE.

Enfin, monsieur, faut-il vous dire que c'est moi que votre tendresse honore ?

ARLEQUIN.

Aïe ! aïe ! je ne sais plus où me mettre.

LISETTE.

Encore une fois, monsieur, je me connais.

ARLEQUIN.

Eh ! je me connais bien aussi, et je n'ai pas là une fameuse connaissance ; ni vous non plus, quand vous l'aurez faite ; mais, c'est là le diable que de me connaître ; vous ne vous attendez pas au fond du sac.

LISETTE, *à part.*

Tant d'abaissement n'est pas naturel ! *(Haut.)* D'où vient me dites-vous cela ?

ARLEQUIN.

Eh ! voilà où gît le lièvre.

LISETTE.

Mais encore ? vous m'inquiétez. Est-ce que vous n'êtes pas ?…

ARLEQUIN.

Aïe ! aïe ! vous m'ôtez ma couverture.

LISETTE.

Sachons de quoi il s'agit.

ARLEQUIN, *à part.*

Préparons un peu cette affaire-là… *(Haut.)* Madame, votre amour est-il d'une constitution bien robuste ? Soutiendra-t-il bien la fatigue que je vais lui donner ? Un mauvais gîte lui fait-il peur ? Je vais le loger petitement.

LISETTE.

Ah ! tirez-moi d'inquiétude. En un mot, qui êtes-vous ?

ARLEQUIN.

Je suis… N'avez-vous jamais vu de fausse monnaie ? savez-vous ce que c'est qu'un louis d'or faux ? Eh bien, je ressemble assez à cela.

LISETTE.

Achevez donc. Quel est votre nom ?

ARLEQUIN.

Mon nom ? (*À part.*) Lui dirai-je que je m'appelle Arlequin ? Non ; cela rime trop avec coquin.

LISETTE.

Eh bien !

ARLEQUIN.

Ah dame ! il y a un peu à tirer ici ! Haïssez-vous la qualité de soldat ?

LISETTE.

Qu'appelez-vous un soldat ?

ARLEQUIN.

Oui, par exemple, un soldat d'antichambre.

LISETTE.

Un soldat d'antichambre ! Ce n'est donc point Dorante à qui je parle enfin ?

Arlequin.

C'est lui qui est mon capitaine.

Lisette.

Faquin !

Arlequin, *à part.*

Je n'ai pu éviter la rime.

Lisette.

Mais voyez ce magot ; tenez !

Arlequin, *à part.*

La jolie culbute que je fais là !

Lisette.

Il y a une heure que je lui demande grâce, et que je m'épuise en humilités pour cet animal-là.

Arlequin.

Hélas ! madame, si vous préfériez l'amour à la gloire, je vous ferais bien autant de profit qu'un monsieur.

Lisette, *riant.*

Ah ! ah ! ah ! je ne saurais pourtant m'empêcher d'en rire, avec sa gloire ! et il n'y a plus que ce parti-là à prendre... Va, va, ma gloire te pardonne ; elle est de bonne composition.

ARLEQUIN.

Tout de bon, charitable dame ! Ah ! que mon amour vous promet de reconnaissance !

LISETTE.

Touche là, Arlequin ; je suis prise pour dupe. Le soldat d'antichambre de monsieur vaut bien la coiffeuse de madame.

ARLEQUIN.

La coiffeuse de madame !

LISETTE.

C'est mon capitaine, ou l'équivalent.

ARLEQUIN.

Masque !

LISETTE.

Prends ta revanche.

Arlequin.

Mais voyez cette magotte, avec qui, depuis une heure, j'entre en confusion de ma misère !

Lisette.

Venons au fait. M'aimes-tu ?

Arlequin.

Pardi ! oui. En changeant de nom tu n'as pas changé de visage, et tu sais bien que nous nous sommes promis fidélité en dépit de toutes les fautes d'orthographe.

Lisette.

Va, le mal n'est pas grand, consolons-nous ; ne faisons semblant de rien, et n'apprêtons point à rire. Il y a apparence que ton maître est encore dans l'erreur à l'égard de ma maîtresse ; ne l'avertis de rien ; laissons les choses comme elles sont. Je crois que le voici qui entre. Monsieur, je suis votre servante.

Arlequin.

Et moi votre valet, madame. *(Riant.)* Ah ! ah ! ah !

Scène VII

DORANTE, ARLEQUIN.

Dorante.

Eh bien, tu quittes la fille d'Orgon ; lui as-tu dit qui tu étais ?

Arlequin.

Pardi ! oui. La pauvre enfant ! j'ai trouvé son cœur plus doux qu'un agneau ; il n'a pas soufflé. Quand je lui ai dit que je m'appelais Arlequin, et que j'avais un habit d'ordonnance : « Eh bien, mon ami, m'a-t-elle dit, chacun a son nom dans la vie, chacun a son habit. Le vôtre ne vous coûte rien ; cela ne laisse pas d'être gracieux. »

Dorante.

Quelle sotte histoire me contes-tu là ?

Arlequin.

Tant y a que je vais la demander en mariage.

Dorante.

Comment ! elle consent à t'épouser ?

ARLEQUIN.

La voilà bien malade !

DORANTE.

Tu m'en imposes ; elle ne sait pas qui tu es.

ARLEQUIN.

Par la ventrebleu ! voulez-vous gager que je l'épouse avec la casaque sur le corps ; avec une souquenille, si vous me fâchez ? Je veux bien que vous sachiez qu'un amour de ma façon, n'est point sujet à la casse, que je n'ai pas besoin de votre friperie pour pousser ma pointe, et que vous n'avez qu'à me rendre la mienne.

DORANTE.

Tu es un fourbe ; cela n'est pas concevable, et je vois bien qu'il faudra que j'avertisse M. Orgon.

ARLEQUIN.

Qui ? notre père ? Ah ! le bon homme ! nous l'avons dans notre manche. C'est le meilleur humain, la meilleure pâte d'homme !... Vous m'en direz des nouvelles.

DORANTE.

Quel extravagant ! As-tu vu Lisette ?

ARLEQUIN.

Lisette ? non. Peut-être a-t-elle passé devant mes yeux ; mais un honnête homme ne prend pas garde à une chambrière. Je vous cède ma part de cette attention-là.

DORANTE.

Va-t'en ; la tête te tourne.

ARLEQUIN.

Vos petites manières sont un peu aisées ; mais c'est la grande habitude qui fait cela. Adieu. Quand j'aurai épousé, nous vivrons but à but. Votre soubrette arrive. Bonjour, Lisette : je vous recommande Bourguignon ; c'est un garçon qui a quelque mérite.

Scène VIII

DORANTE, SILVIA.

DORANTE, *à part.*

Qu'elle est digne d'être aimée ! Pourquoi faut-il que Mario m'ait prévenu ?

Silvia.

Où étiez-vous donc, monsieur ? Depuis que j'ai quitté Mario, je n'ai pu vous retrouver pour vous rendre compte de ce que j'ai dit à M. Orgon.

Dorante.

Je ne me suis pourtant pas éloigné. Mais de quoi s'agit-il ?

Silvia, *à part.*

Quelle froideur ! (*Haut.*) J'ai eu beau décrier votre valet et prendre sa conscience à témoin de son peu de mérite ; j'ai eu beau lui représenter qu'on pouvait du moins reculer le mariage, il ne m'a pas seulement écoutée. Je vous avertis même qu'on parle d'envoyer chez le notaire, et qu'il est temps de vous déclarer.

Dorante.

C'est mon intention. Je vais partir *incognito*, et je laisserai un billet qui instruira M. Orgon de tout.

Silvia, *à part.*

Partir ! ce n'est pas là mon compte.

Dorante.

N'approuvez-vous pas mon idée ?

SILVIA.

Mais… pas trop.

DORANTE.

Je ne vois pourtant rien de mieux dans la situation où je suis, à moins que de parler moi-même, et je ne saurais m'y résoudre. J'ai d'ailleurs d'autres raisons qui veulent que je me retire ; je n'ai plus que faire ici.

SILVIA.

Comme je ne sais pas vos raisons, je ne puis ni les approuver ni les combattre, et ce n'est pas à moi de vous les demander.

DORANTE.

Il vous est aisé de les soupçonner, Lisette.

SILVIA.

Mais je pense, par exemple, que vous avez du dégoût pour la fille de M. Orgon.

DORANTE.

Ne voyez-vous que cela ?

Silvia.

Il y a bien encore certaines choses que je pourrais supposer ; mais je ne suis pas folle, et je n'ai pas la vanité de m'y arrêter.

Dorante.

Ni le courage d'en parler ; car vous n'auriez rien d'obligeant à me dire. Adieu, Lisette.

Silvia.

Prenez garde ; je crois que vous ne m'entendez pas, je suis obligée de vous le déclarer.

Dorante.

À merveille ! et l'explication ne me serait pas favorable. Gardez-moi le secret jusqu'à mon départ.

Silvia.

Quoi ! sérieusement, vous partez ?

Dorante.

Vous avez bien peur que je ne change d'avis.

Silvia.

Que vous êtes aimable d'être si bien au fait !

Dorante.

Cela est bien naïf. Adieu.

Silvia, *à part.*

S'il part, je ne l'aime plus, je ne l'épouserai jamais… *(Elle le regarde aller.)* Il s'arrête pourtant ; il rêve ; il regarde si je tourne la tête, et je ne saurais le rappeler, moi… Il serait pourtant singulier qu'il partît, après tout ce que j'ai fait !… Ah ! voilà qui est fini, il s'en va ; je n'ai pas tant de pouvoir sur lui que je le croyais. Mon frère est un maladroit ; il s'y est mal pris. Les gens indifférents gâtent tout. Ne suis-je pas bien avancée ? Quel dénouement ! Dorante reparaît pourtant ; il me semble qu'il revient. Je me dédis donc ; je l'aime encore… Feignons de sortir, afin qu'il m'arrête ; il faut bien que notre réconciliation lui coûte quelque chose.

Dorante, *l'arrêtant.*

Restez, je vous prie ; j'ai encore quelque chose à vous dire.

Silvia.

À moi, monsieur ?

Dorante.

J'ai de la peine à partir sans vous avoir convaincue que je n'ai pas tort de le faire.

Silvia.

Eh ! monsieur, de quelle conséquence est-il de vous justifier auprès de moi ? Ce n'est pas la peine ; je ne suis qu'une suivante, et vous me le faites bien sentir.

Dorante.

Moi, Lisette ! est-ce à vous de vous plaindre, vous qui me voyez prendre mon parti sans me rien dire ?

Silvia.

Hum ! si je voulais, je vous répondrais bien là-dessus.

Dorante.

Répondez donc, je ne demande pas mieux que de me tromper. Mais que dis-je ? Mario vous aime.

Silvia.

Cela est vrai.

Dorante.

Vous êtes sensible à son amour ; je l'ai vu par l'extrême envie que vous aviez tantôt que je m'en allasse ; ainsi vous ne sauriez m'aimer.

SILVIA.

Je suis sensible à son amour ! qui est-ce qui vous l'a dit ? Je ne saurais vous aimer ! qu'en savez-vous ? Vous décidez bien vite.

DORANTE.

Eh bien, Lisette, par tout ce que vous avez de plus cher au monde, instruisez-moi de ce qui en est, je vous en conjure.

SILVIA.

Instruire un homme qui part !

DORANTE.

Je ne partirai point.

SILVIA.

Laissez-moi. Tenez, si vous m'aimez, ne m'interrogez point. Vous ne craignez que mon indifférence et vous êtes trop heureux que je me taise. Que vous importent mes sentiments ?

DORANTE.

Ce qu'ils m'importent, Lisette ! peux-tu douter encore que je ne t'adore ?

SILVIA.

Non, et vous me le répétez si souvent que je vous crois ; mais pourquoi m'en persuadez-vous ? que voulez-vous que je fasse de cette pensée-là, monsieur ? Je vais vous parler à cœur ouvert. Vous m'aimez ; mais votre amour n'est pas une chose bien sérieuse pour vous. Que de ressources n'avez-vous pas pour vous en défaire ! La distance qu'il y a de vous à moi, mille objets que vous allez trouver sur votre chemin, l'envie qu'on aura de vous rendre sensible, les amusements d'un homme de votre condition, tout va vous ôter cet amour dont vous m'entretenez impitoyablement. Vous en rirez peut-être au sortir d'ici, et vous aurez raison. Mais moi, monsieur, si je m'en ressouviens, comme j'en ai peur, s'il m'a frappée, quel secours aurai-je contre l'impression qu'il m'aura faite ? Qui est-ce qui me dédommagera de votre perte ? Qui voulez-vous que mon cœur mette à votre place ? Savez-vous bien que, si je vous aimais, tout ce qu'il y a de plus grand dans le monde ne me toucherait plus ? Jugez donc de l'état où je resterais. Ayez la générosité de me cacher votre amour. Moi qui vous parle, je me ferais un scrupule de vous dire que je vous aime, dans les dispositions où vous êtes. L'aveu de mes sentiments pourrait exposer votre raison, et vous voyez bien aussi que je vous les cache.

Dorante.

Ah ! ma chère Lisette, que viens-je d'entendre ? tes paroles ont un feu qui me pénètre. Je t'adore, je te respecte. Il n'est ni rang, ni naissance, ni fortune qui ne disparaisse devant une âme comme la tienne. J'aurais honte que mon orgueil tînt encore contre toi, et mon cœur et ma main t'appartiennent.

Silvia.

En vérité, ne mériteriez-vous pas que je les prisse ? ne faut-il pas être bien généreuse pour vous dissimuler le plaisir qu'ils me font ? et croyez-vous que cela puisse durer ?

Dorante.

Vous m'aimez donc ?

Silvia.

Non, non ; mais si vous me le demandez encore, tant pis pour vous.

Dorante.

Vos menaces ne me font point de peur.

Silvia.

Et Mario, vous n'y songez donc plus ?

Dorante.

Non, Lisette. Mario ne m'alarme plus ; vous ne l'aimez point ; vous ne pouvez plus me tromper ; vous avez le cœur vrai ; vous êtes sensible à ma tendresse. Je ne saurais en douter au transport qui m'a pris, j'en suis sûr ; et vous ne sauriez plus m'ôter cette certitude-là.

Silvia.

Oh ! je n'y tâcherai point, gardez-la ; nous verrons ce que vous en ferez.

Dorante.

Ne consentez-vous pas d'être à moi ?

Silvia.

Quoi ! vous m'épouserez malgré ce que vous êtes, malgré la colère d'un père, malgré votre fortune ?

Dorante.

Mon père me pardonnera dès qu'il vous aura vue ; ma fortune nous suffit à tous deux, et le mérite vaut bien la naissance. Ne disputons point, car je ne changerai jamais.

SILVIA.

Il ne changera jamais ! Savez-vous bien que vous me charmez, Dorante ?

DORANTE.

Ne gênez donc plus votre tendresse, et laissez-la répondre…

SILVIA.

Enfin, j'en suis venue à bout. Vous… vous ne changerez jamais ?

DORANTE.

Non, ma chère Lisette.

SILVIA.

Que d'amour !

MONSIEUR ORGON, SILVIA, DORANTE, LISETTE, ARLEQUIN, MARIO.

Silvia.

Ah ! mon père, vous avez voulu que je fusse à Dorante. Venez voir votre fille vous obéir avec plus de joie qu'on n'en eut jamais.

Dorante.

Qu'entends-je ! vous, son père, monsieur ?

Silvia.

Oui, Dorante ; la même idée de nous connaître nous est venue à tous deux. Après cela, je n'ai plus rien à vous dire ; vous m'aimez, je n'en saurais douter, mais, à votre tour, jugez de mes sentiments pour vous, jugez du cas que j'ai fait de votre cœur par la délicatesse avec laquelle j'ai tâché de l'acquérir.

Monsieur Orgon.

Connaissez-vous cette lettre-là ? Voilà par où j'ai appris votre déguisement, qu'elle n'a pourtant su que par vous.

Dorante.

Je ne saurais vous exprimer mon bonheur, madame ; mais ce qui m'enchante le plus, ce sont les preuves que je vous ai données de ma tendresse.

Mario.

Dorante me pardonne-t-il la colère où j'ai mis Bourguignon ?

Dorante.

Il ne vous la pardonne pas, il vous en remercie.

Arlequin.

De la joie, madame ! Vous avez perdu votre rang, mais vous n'êtes point à plaindre, puisque Arlequin vous reste.

Lisette.

Belle consolation ! il n'y a que toi qui gagnes à cela.

Arlequin.

Je n'y perds pas. Avant notre connaissance, votre dot valait mieux que vous ; à présent, vous valez mieux que votre dot. Allons, saute, marquis !

    1. ↑ Ce personnage a pris au Théâtre-Français le nom de *Pasquin*.
    2. ↑ L'acteur qui joue Dorante donne une coup de pied dans le derrière à son valet, pendant que Lisette ne les voit pas.